BORDEAUX
EN QUELQUES JOURS

Stéphanie Sinier
Caroline Delabroy

Dans ce guide

L'essentiel
Pour aller droit au but et découvrir la ville en un clin d'œil.

Agenda
Fêtes et événements, mois par mois

Les quartiers
Se repérer

Explorer Bordeaux
Sites et adresses quartier par quartier.

Les incontournables
Pour tirer le meilleur parti de votre visite

100% bordelais
Vivre comme un habitant

Bordeaux selon ses envies
Les meilleures choses à voir, à faire, à tester…

Les plus belles balades
Découvrir la ville à pied

Envie de…
Le meilleur de Bordeaux

Carnet pratique
Trucs et astuces pour réussir votre séjour.

Hébergement
Une sélection d'hôtels

Transports et infos pratiques

Notre sélection de lieux et d'adresses

- ⊙ **Voir**
- ⊗ **Se restaurer**
- ⊙ **Prendre un verre**
- ☆ **Sortir**
- 🔒 **Shopping**
- ✚ **Sports et activités**

Légende des symboles

☏ Numéro de téléphone	👪 Familles bienvenues
⊙ Horaires	🐾 Animaux acceptés
P Parking	🚌 Bus
🚭 Non-fumeurs	⛴ Bateau
@ Accès Internet	Ⓜ Métro
📶 Wi-Fi	🚋 Tramway/Funiculaire
🥗 Végétarien	🚆 Train

Retrouvez facilement chaque adresse sur le plan détachable

Miroir d'eau

26 ⊙ Plan F6

C'est indéniablement la plu[s]
réussite de l'aménagement [...]
entre le fleuve et la place de [...]
cette grande dalle d[e ...]
erte d'eau où se re[...]
des immeubles [...]
atrimoine mond[ial ...]
ire à la fois les t[...]
les (aucun dang[er ...]
s, l'eau n'est profo[nde ...]

Bordeaux
En quelques jours

Les guides *En quelques jours* édités par Lonely Planet sont conçus pour vous amener au cœur d'une ville.

Vous y trouverez tous les sites à ne pas manquer, ainsi que des conseils pour profiter de chacune de vos visites. Nous avons divisé la ville en quartiers pour un repérage facile. Nos auteurs expérimentés ont déniché les meilleures adresses dans chaque ville : restaurants, boutiques, bars et clubs... Et pour aller plus loin, découvrez les endroits les plus insolites et authentiques dans les pages "100% bordelais".

Ce guide contient également tous les conseils pratiques pour éviter les casse-tête : itinéraires pour visites courtes, moyens de transport, etc.

Grâce à toutes ces infos, soyez sûr de passer un séjour mémorable.

Notre engagement

Les auteurs Lonely Planet visitent en personne, pour chaque édition, les lieux dont ils s'appliquent à faire un compte-rendu précis. Ils ne bénéficient en aucun cas de rétribution ou de réduction de prix en échange de leurs commentaires.

L'essentiel 7

Les incontournables 8
Agenda 12
Vivre comme un habitant ... 14
Bordeaux en 4 jours 16
Carte des quartiers 18

Explorer Bordeaux 21

- **22** Les Quinconces et le Triangle d'Or
- **36** Saint-Pierre
- **52** Pey-Berland et la place Gambetta
- **70** Le quartier de la Grosse Cloche
- **82** Saint-Michel et Sainte-Croix
- **94** La Victoire et les Capucins
- **102** Les Chartrons
- **112** Les Bassins à flot et Bacalan
- **120** Du Jardin public à Saint-Seurin
- **132** La rive droite

Bordeaux selon ses envies — 143

Les plus belles balades
Découvrir la ville à vélo 144
Saint-Émilion 146
Le bassin d'Arcachon 148

Envie de...
Architecture 150
Vin et vignoble 152
Gastronomie 154
Vie nocturne 156
Arts de la scène 157
Shopping et marchés 158
Bordeaux avec des enfants 160
Autres curiosités 162

Bordeaux hier et aujourd'hui — 163

Carnet pratique — 169

Arriver à Bordeaux 170
Comment circuler 170
Autour de Bordeaux 172
Infos pratiques 172
Hébergement 174

L'essentiel

Les incontournables 8
Agenda 12
Vivre comme un habitant 14
Bordeaux en 4 jours 16
Carte des quartiers 18

Bienvenue à Bordeaux !

Rien ne semble arrêter Bordeaux ! Oubliée la ville noire, réveillée la belle endormie, la capitale girondine s'est métamorphosée. L'Unesco ne s'y est pas trompée en classant près de la moitié de la ville sur la liste du Patrimoine mondial. Après la transformation des quais, la mise en lumière des façades historiques, le tramway, la ligne à grande vitesse, la reconquête de l'espace urbain s'étend aux communes limitrophes d'un Bordeaux qui se vit plus que jamais comme métropole. Alors oui, la ville est bien plus vivante que sa réputation bourgeoise ne le laisse croire.

Le pont de Pierre la nuit (p. 136)
FRÉDÉRIC DALLÉAS ©

Bordeaux
Les incontournables

La cathédrale Saint-André et la tour Pey-Berland (p. 54 et p. 56)

Consacrée à l'époque romane, reconstruite à la période gothique (XIIIe-XVIe siècle), la cathédrale demeure le plus grand lieu de culte de Bordeaux. Érigé à part, son clocher (XVe siècle), la tour Pey-Berland, offre une vue panoramique sur Bordeaux.

Les incontournables

Le Grand Théâtre (p. 24)

Œuvre de Victor Louis, ce monument du XVIIIe siècle est indissociable de la ville. C'est dans son décor chargé de dorures que l'on vient aujourd'hui assister aux représentations programmées par l'Opéra national de Bordeaux.

La place de la Bourse et le Miroir d'eau (p. 40)

Face à l'ancienne place royale, aux allures versaillaises, le Miroir d'eau est l'une des grandes réussites des aménagements des quais de la Garonne. Les façades du XVIIIe siècle s'y reflètent à certaines heures de la journée.

L'esplanade des Quinconces (p. 26)

Avec son superbe monument aux Girondins, l'esplanade des Quinconces, aménagée au XIXe siècle, est l'une des plus grandes places d'Europe.

10 Les incontournables

La basilique Saint-Seurin (p. 124)

Témoignage le plus ancien des débuts de la chrétienté à Bordeaux, ce site nous livre de nombreux détails architecturaux, historiques et liturgiques sur cette période.

Le Jardin public (p. 122)

Définitivement aménagé au XIXe siècle, ce jardin est le lieu de détente idéal pour petits et grands, entre siestes au soleil, lecture et aires de jeux.
Un bol d'air en plein centre-ville.

Les incontournables

La Cité du Vin (p. 114)

Dans le quartier des Bassins à flot, cet étonnant édifice conçu par Anouk Legendre et Nicolas Desmazières présente une architecture courbe, formée d'une ossature de bois soutenant près de 4 000 panneaux de verre et d'aluminium.

Le CAPC (p. 104)

Cet entrepôt réhabilité en musée d'Art contemporain constitue une formidable vitrine des mouvements d'avant-garde. Ses expositions temporaires mettent à l'honneur des artistes contemporains confirmés, mais aussi de jeunes plasticiens encore peu connus du public.

Agenda

Les mois de mai et juin sont les plus animés du calendrier bordelais, avec de grands rendez-vous festifs mettant à l'honneur la gastronomie, la musique, le vin ou le fleuve, l'histoire et la culture. L'été, s'il se passe moins de choses à Bordeaux, d'excellents festivals sont organisés aux alentours. En automne, le FAB s'est imposé comme un temps fort de la vie culturelle bordelaise.

Mars-avril

Carnaval des 2 Rives
www.carnavaldesdeuxrives.fr
Un événement festif et populaire, avec un défilé en musique mené par des chars multicolores, sur les deux rives.

Marathon nocturne de Bordeaux
www.marathondebordeauxmetropole.com
Les coureurs du marathon et du semi-marathon s'élancent… la nuit.

Escale du livre
www.escaledulivre.com
Créations littéraires, débats, rencontres et lectures dans le quartier Sainte-Croix.

Itinéraires des Photographes voyageurs
www.itiphoto.com
Chaque année, rendez-vous dans divers lieux de la ville pour des expos liées au voyage.

Brocante de printemps
www.bordeauxquinconces.com
Fin avril-début mai, sur l'esplanade des Quinconces, cette gigantesque brocante fait le bonheur des chineurs.

Mai-juin

Fête de la Morue
fetedelamorue.mairie-begles.fr
Fin mai-début juin, spectacles et nombreuses spécialités à base de morue à Bègles, une commune limitrophe de Bordeaux.

Chahuts – Festival des arts de la parole
www.chahuts.net
Spectacles, impros, échanges et convivialité sont le leitmotiv de cette belle aventure collective, dans le quartier Saint-Michel.

Bordeaux fête le fleuve
www.bordeaux-fete-le-fleuve.com
En mai ou juin, les années impaires, le port de la Lune célèbre le fleuve (concerts, course à la nage dans la Garonne, feux d'artifice…).

Brocante de printemps

Agenda 13

✪ Bordeaux fête le vin
www.bordeaux-fete-le-vin.com
Les années paires, le long des quais, d'innombrables stands de dégustation, et de nombreux spectacles en soirée.

✪ Les épicuriales
www.epicuriales.com
La 2e quinzaine de juin, les restaurateurs s'installent sur le terre-plein central des allées de Tourny et vous invitent à la découverte des saveurs du monde. Concerts et bonne humeur.

Juillet-août

✪ Quai des Sports et Dansons sur les quais
quaidessports.bordeaux.fr
www.dansonssurlesquais.fr
Juillet-août. Vacances sportives sur les quais, au Parc des Sports dans le quartier Saint-Michel, avec des activités originales ou classiques, accessibles gratuitement. Et le soir, on danse !

✪ Festival des Hauts-de-Garonne
www.lerocherdepalmer.fr
En juillet. Une excellente programmation de musique du monde et de jazz dans quatre communes de la rive droite : Bassens, Lormont, Floirac et Cenon. Plus d'une semaine de concerts, rencontres, apéro-concerts...

✪ Fest'arts
www.festarts.com
Le Fest'arts envahit pour quelques jours Libourne, à 40 km à l'est de Bordeaux, avec plus d'une centaine de représentations gratuites : théâtre, concerts, cirque, danse, contes...

Septembre-octobre-novembre

✪ Agora
www.agorabordeaux.fr
En septembre, expositions, parcours artistiques et débats lors de la biennale d'architecture, d'urbanisme et de design. Prochaines éditions en 2019 et 2021.

✪ Fête du Vin nouveau et de la Brocante
Aux Chartrons, pendant 2 jours de festivités, la rue Notre-Dame est envahie par les amateurs de vin et les chineurs.

✪ Festival international des arts de Bordeaux Métropole (FAB)
fab.festivalbordeaux.com/fr
Pendant 15 jours, ce festival des arts de la scène met à l'honneur des créations contemporaines en divers lieux de Bordeaux Métropole.

✪ Bordeaux SO Good
www.bordeauxsogood.fr
Trois jours autour de la gastronomie (marché de producteurs, banquet, démonstrations et animations culinaires, cours de cuisine, etc.).

Décembre-janvier

✪ Brocante des Quinconces
www.bordeauxquinconces.com
Le second volet de la grande foire à la brocante bordelaise, sur la place des Quinconces, se déroule fin novembre-début décembre.

✪ Marché de Noël
D'étranges petites maisons en bois investissent les allées de Tourny. C'est avec plaisir que l'on vient y déguster du vin chaud.

✪ Trente Trente – Les Rencontres de la forme courte
www.trentetrente.com
Théâtre, cirque contemporain, danse, musique, performances... Une incursion à travers différentes tendances artistiques à Bordeaux et dans la région. Un timing minutieux, avec des spectacles originaux, allant de 30 secondes à 30 minutes.

✪ Bordeaux Rock
www.bordeauxrock.com
Chaque année, l'association Bordeaux Rock célèbre la scène rock et électro locale, sur quelques jours.

100% bordelais
Vivre comme un habitant

Conseils d'initiés pour découvrir le vrai Bordeaux

Il est agréable de découvrir une ville autrement que par son parcours touristique habituel. Au fil des promenades, en arpentant les ruelles ou en parcourant les marchés, observez l'architecture des maisons et laissez de côté, pour un temps, celle des grands bâtiments. Il ne tient qu'à vous d'ouvrir les yeux.

Les charmantes rues piétonnes du quartier historique (p. 38)

▶ Histoire et architecture
▶ Des voies romaines au XVIIIe siècle

À lui seul, le quartier Saint-Pierre retrace une grande partie de l'histoire architecturale de Bordeaux, de l'Antiquité au XVIIIe siècle. C'est un secteur unique, avec des boutiques de créateurs et de nombreux restaurants. Mais gare à ne pas tomber dans le Saint-Pierre touristique. Enfoncez-vous dans les ruelles, levez les yeux sur de magnifiques détails sculpturaux ou architecturaux, et voyez défiler les siècles.

Itinéraire Renaissance dans le quartier de la Grosse Cloche (p. 72)

▶ Architecture Renaissance
▶ Ambiance de village

Ce quartier Renaissance reprend vie depuis quelques années. Les ateliers d'artistes fleurissent et les terrasses ne désemplissent pas. Les travaux d'aménagement ont embelli les petites rues et les ont rendues plus accessibles, tout en préservant leur histoire, et leurs pavés.

Un samedi matin au cœur de Saint-Michel et Sainte-Croix (p. 84)

▶ Marché
▶ Brocante

Authentiques et cosmopolites, animés et étonnants, Saint-Michel et Sainte-Croix sont sans doute parmi les quartiers les moins touristiques de la ville. Le samedi matin est le moment idéal pour parcourir les petites rues, s'imprégner des odeurs du marché, regarder les étals colorés et prendre un thé à la menthe en terrasse. On y déniche également des objets de toutes sortes, entre grands déballages et brocanteurs, tout en se laissant bercer par l'agréable brouhaha.

Balade au cœur des Chartrons (p. 106)

▶ Architecture et anciens chais
▶ Antiquaires

Vivre comme un habitant

Antiquaire du quartier des Chartrons

Une petite ville dans la ville. Dans cet ancien quartier de négociants, les chais sont réhabilités en commerces, restaurants ou ateliers d'artistes. Aujourd'hui, les petites rues gardent une allure de village. On aime flâner de boutique en terrasse de café. Un quartier à la mode, tendance bobo, où l'on se sent bien.

Balade dans le quartier Saint-Michel

D'autres idées pour vivre le Bordeaux des Bordelais :

Déguster des huîtres Chez Jean-Mi (p. 97)

S'offrir une part de gâteau sans gluten chez Mona (p. 63)

Aux beaux jours, s'installer dans le parc aux Angéliques (p. 135)

Assister aux soirées organisées par les Vivres de l'Art (p. 116) ou à un vernissage à l'Espace 29 (p. 60)

Flâner au marché bio des Chartrons (p. 110)

Faire une balade à vélo sur les quais rive gauche (p. 144)

Bordeaux
En 4 jours

1er jour

☀ Pour votre première matinée, grimpez en haut de la **tour Pey-Berland** (p. 56), et profitez de la vue magnifique sur la ville et ses environs. Poursuivez par la visite de la **cathédrale Saint-André** (p. 54). Si vous avez un peu de temps avant le déjeuner, filez au **musée des Beaux-Arts** (p. 58). Sinon, dirigez-vous tranquillement vers **Plume** (p. 62), en prenant le temps de découvrir quelques petits magasins sympathiques en chemin.

☀ Les férus d'histoire et d'architecture poursuivront par la découverte du **site de Saint-Seurin** (p. 124). Sinon, dans un esprit plus contemporain, optez pour l'**institut culturel Bernard-Magrez** (p. 126) ou le **CAPC** (p. 104). Prenez ensuite la direction du **Jardin public** (p. 122) pour une pause détente. En fin de journée, rejoignez le quartier du Triangle d'Or, empruntez l'historique **passage Sarget** (p. 29) et promenez-vous sur le très chic cours de l'Intendance.

☾ Allez dîner près de la place de la Comédie, chez **Elio's Ristorante** (p. 30) – de nuit, les illuminations de la place sont magnifiques. Si vous avez réservé, terminez par un spectacle au **Grand Théâtre** (p. 24). Pour un émerveillement garanti.

2e jour

☀ Commencez cette journée par une balade sur les quais, et découvrez le **Miroir d'eau** (p. 40). Continuez jusqu'à la hauteur de la **place des Quinconces** (p. 26), puis offrez-vous une petite balade sur la Garonne, en empruntant la **navette fluviale** (Bat[3] ; p. 35) qui vous déposera à la **Cité du Vin** (p. 114). Le midi, déjeunez aux **halles de Bacalan** (p. 117) ou prolongez votre promenade jusqu'à la rue Achard et optez pour le **Bar de la Marine** (p. 117).

☀ Un après-midi sous le signe artistique vous attend, avec la découverte de lieux étonnants comme la **base sous-marine** (p. 116) ou les **Vivres de l'Art** (p. 116). Gagnez ensuite les Chartrons, à pied ou en tramway. Arpentez les rues paisibles de ce quartier, entre ateliers d'artistes et petits magasins tendance.

☾ Dînez **Chez Dupont** (p. 110) pour une valeur sûre et réputée, ou au **Cambridge Pub** (p. 109) pour une ambiance plus détendue. Terminez la soirée à l'**I.Boat** (p. 118) ou dans l'un des autres **clubs des Bassins à flot** (p. 112).

Bordeaux en 4 jours

Votre temps vous est compté ?
Nous avons concocté pour vous des itinéraires détaillés qui vous permettront d'optimiser le peu de temps dont vous disposez.

3ᵉ jour

☀️ Il est temps de revenir aux classiques ! Arpentez les rues de la **Grosse Cloche** (p. 72), un quartier Renaissance qui a conservé son air de village. Profitez-en pour vous offrir une petite session shopping, par exemple dans la **rue Saint-James** (p. 73), très tendance. Le midi, direction le **Café Kokomo** (p. 75) ou le **Santosha** (p. 76), pour un déjeuner bon et rapide.

☀️ L'après-midi, traversez le cours d'Alsace-et-Lorraine et entrez dans le quartier **Saint-Pierre** (p. 38). Découvrez ses ruelles, l'**église Saint-Pierre** (p. 41), la **place de la Bourse** (p. 40), celle du **Parlement** (p. 41) et leur architecture du XVIIIᵉ siècle. En fin de journée, terminez par la **porte Cailhau** (p. 41), où vous pourrez, si le temps le permet, commencer la soirée par un apéritif en terrasse **Chez Fred** (p. 48).

🌙 Clôturez cette journée par un film à l'**Utopia** (p. 48), un cinéma pas comme les autres, et allez dîner tout à côté à l'**Annexe du Café japonais** (p. 44) ou, plus local et bistronomique, au **Bouchon Bordelais** (p. 44).

4ᵉ jour

☀️ De bon matin, dirigez-vous vers le **marché Saint-Michel** (p. 84) ou vers celui des **Capucins** (p. 101), selon le jour. Vous y trouverez de quoi composer un délicieux pique-nique à déguster au bord de la Garonne. Mais avant cela, prenez le temps de découvrir ces quartiers assez peu touristiques et pleins de charme. Monter au sommet de la **flèche Saint-Michel** vous ouvrira l'appétit. Puis, selon l'endroit où vous pique-niquez, poursuivez rive gauche en direction des quais au niveau de la **Méca** (p. 96) – ouverture prévue en 2019 – ou traversez le **pont de Pierre** (p. 136).

☀️ Rive droite, profitez du **parc aux Angéliques** (p. 135), de sa verdure et de la vue remarquable sur le vieux Bordeaux. À quelques pas, **Darwin** (p. 136) et le **Jardin botanique** (p. 135) vous ouvrent leurs portes, pour deux belles balades, très différentes.

🌙 Le soir, pourquoi ne pas rester de ce côté du fleuve pour dîner au bord de l'eau, à **la Petite Gironde** (p. 138). Et pour un dernier verre, optez pour la **guinguette Chez Alriq** (p. 139) ou regagnez la **Grosse Cloche** (p. 70) et ses très bons points de chute : **Le Capharnaüm** (p. 78) et **La Vie Moderne** (p. 78).

Bordeaux
Les quartiers

Les Quinconces et le Triangle d'Or (p. 22)
Un secteur agréable à parcourir à pied, au cœur d'un riche patrimoine architectural du XVIIIe siècle. On y trouve de beaux monuments associés à l'histoire de la cité et des boutiques haut de gamme.

◉ Les incontournables

Le Grand Théâtre

L'esplanade des Quinconces

Du Jardin public à Saint-Seurin (p. 120)
C'est le quartier chic de la ville. Les Bordelais rejoignent le Jardin public pour un grand bol d'air en plein centre. Pour une approche plus historique, la basilique Saint-Seurin livre un témoignage essentiel sur les débuts de la chrétienté à Bordeaux.

◉ Les incontournables

Le Jardin public

La basilique Saint-Seurin

Pey-Berland et la place Gambetta (p. 52)
Un endroit particulièrement animé en journée, autour de l'imposante cathédrale Saint-André. Entre monuments, musées et shopping, impossible de s'y ennuyer.

◉ Les incontournables

La cathédrale Saint-André

La tour Pey-Berland

Les Chartrons (p. 102)
Certainement le lieu le plus bobo de Bordeaux. Cet ancien quartier de négociants constitue un véritable village à lui tout seul. On se plaît ici à déambuler entre boutiques, ateliers d'artistes et petits restos.

◉ Les incontournables

Le CAPC

Le quartier de la Grosse Cloche (p. 70)
Ses ruelles pavées sont bordées d'édifices Renaissance. Séduits par l'ambiance de village, les artistes sont de plus en plus nombreux à s'installer autour de la place Fernand-Lafargue.

Les quartiers

La Cité du Vin

Les Bassins à flot et Bacalan (p. 112)
Désormais relié à la rive droite par le pont Chaban-Delmas, cet ancien secteur portuaire est en pleine transformation. Beaucoup d'immeubles, mais aussi des sites culturels remarquables.

Les incontournables
La Cité du Vin

La rive droite (p. 132)
Longtemps laissé de côté, le quartier dit de la Bastide connaît depuis quelques années une métamorphose. Promenade le long des quais, restaurants au bord de l'eau, Jardin botanique... Franchir la rive droite pour rejoindre la Garonne est devenu un vrai plaisir.

Les incontournables
Le quai de Queyries

Le quai de Queyries

Saint-Pierre (p. 36)
Les petites rues de ce périmètre historique ne manquent pas de caractère. On aime y découvrir des boutiques de créateur et profiter des nombreuses terrasses idéalement situées.

Saint-Michel et Sainte-Croix (p. 82)
Touristique, pleine de charme et cosmopolite, cette partie de Bordeaux est particulièrement agréable les jours de marché.

La Victoire et les Capucins (p. 94)
Assez bruyant et encombré par les voitures, ce secteur est surtout réputé pour son fameux marché des Capucins. Un passage obligé le samedi matin.

Explorer
Bordeaux

Les Quinconces et Le Triangle d'Or	22
Saint-Pierre	36
Pey-Berland et la place Gambetta	52
Le quartier de la Grosse Cloche	70
Saint-Michel et Sainte-Croix	82
La Victoire et les Capucins	94
Les Chartrons	102
Les Bassins à flot et Bacalan	112
Du Jardin public à Saint-Seurin	120
La rive droite	132

Place de la Victoire (p. 96)
STÉPHANIE ET THOMAS SINIER ©

Explorer

Les Quinconces et le Triangle d'Or

Ce beau quartier date en partie du XVIIIe siècle. Au sud-ouest de l'esplanade des Quinconces, délimitée par le cours de l'Intendance, le cours Georges-Clemenceau et les allées de Tourny, le Triangle d'Or réunit les artères les plus chics de la ville. Une longue voie piétonne relie la place Gambetta aux quais, et les ruelles autour du marché des Grands-Hommes sont bordées de terrasses et d'élégants édifices.

L'essentiel en un jour

☀️ Débutez par un café ou un petit-déjeuner au très chic **Grand Hôtel de Bordeaux** (Le Bordeaux ; p. 31). En été, profitez de la terrasse avec une vue imprenable sur le **Grand Théâtre** (p. 24). Remontez vers la place des Quinconces, découvrez le **monument aux Girondins** (p. 27), puis avancez-vous jusqu'aux quais, d'où vous pourrez embarquer sur une **navette fluviale** (Bat³ ; p. 35) pour une escapade nautique sur la Garonne.

☀️ Le grand air vous aura sans doute mis en appétit. Remontez le cours du Chapeau-Rouge et déjeunez d'un copieux repas sarde à l'**Elio's Ristorante** (p. 30). Pour une balade digestive, prenez le cours de l'Intendance, puis empruntez l'agréable **passage Sarget** (p. 29) jusqu'à l'**église Notre-Dame** (p. 28). Ensuite, avancez jusqu'à la **cour Mably** (p. 29), et profitez de son cloître loin du tumulte. Achevez cet après-midi par un shopping gourmand au marché des Grands-Hommes.

🌙 À l'heure de l'apéro, direction le **Bar à Vin** (p. 32 ; pas trop tard, il y a souvent la queue), pour découvrir de bons bordeaux, à tous les prix. Ensuite, deux options se présentent à vous : le grand jeu avec un dîner au **Quatrième Mur** (p. 31) et un ballet au Grand Théâtre ; ou, plus *mainstream*, le menu de **L'Entrecôte** (p. 30) et une toile au cinéma **Le Français** (p. 33).

👁 Les incontournables

Le Grand Théâtre (p. 24)

L'esplanade des Quinconces (p. 26)

❤️ Le meilleur du quartier

Les curiosités
Le passage Sarget (p. 29)

Restaurants
Elio's Ristorante (p. 30)

Café Napoléon 3 (p. 31)

Le Quatrième Mur (p. 31)

Shopping gourmand
Saunion (p. 34)

Cadiot-Badie (p. 33)

Fromagerie Jean d'Alos (p. 34)

Comment y aller

🚋 **Tramway** B ou C station Quinconces

⛴ **Bat³ (BatCub)** Une ligne fluviale dessert les Quinconces, depuis la rive droite et les Hangars des quais. (infotbm.com ; 1,60 €)

Les incontournables
Le Grand Théâtre

Réalisé par l'architecte Victor Louis entre 1773 et 1780, sur commande du duc de Richelieu, gouverneur de Guyenne, le Grand Théâtre fut édifié sur les vestiges d'un temple gallo-romain, les Piliers de Tutelle, détruit sous Louis XIV. Ce magnifique monument, indissociable de l'image de la ville, est aujourd'hui l'Opéra national de Bordeaux. Il propose une large programmation lyrique, ainsi que de nombreuses représentations du ballet de l'Opéra (voir aussi p. 33).

Plan E5

05 56 00 85 95

www.opera-bordeaux.com

Place de la Comédie

B Grand-Théâtre,
C Quinconces

Le Grand Théâtre

À ne pas manquer

L'architecture
Le Grand Théâtre est caractérisé par une architecture néoclassique remarquable. Avec sa façade aux colonnes surmontées de statues de muses et de déesses, il préfigure déjà le style Empire.

Le vestibule
L'intérieur frappe par son aspect monumental. Au-dessus du grand vestibule, une voûte plate à caissons et ornée de rosaces est soutenue par 16 colonnes doriques. Il est inspiré de l'architecture antique, tout comme le large escalier à double volée, dont le dessin sera repris par Charles Garnier pour la construction de l'Opéra de Paris.

La salle de spectacle
Ornée d'or et de bleu, les couleurs de la royauté, la salle offre une acoustique parfaite. Au plafond, les fresques d'origine de Claude Robin furent reprises en 1917 par François-Maurice Roganeau. La pièce maîtresse des lieux est un lustre de Bohème monumental qui illumine la salle de ses 14 000 cristaux depuis 1917.

☑ À savoir

▶ Des visites guidées sont proposées en dehors de la période estivale (⏲mer et sam 14h30, 16h et 17h30, tarif plein/- 26 ans à 6 €/gratuit), sur réservation et en fonction des contraintes techniques liées aux spectacles.

▶ Une exposition thématique est organisée en été.

▶ Les **Concerts du dimanche** (⏲11h, tarif plein/- 26 ans 10/1 €) se tiennent chaque premier dimanche du mois. Certains sont suivis de dégustation de vins.

▶ Des **Midis musicaux** (tarif plein/- 26 ans 10/1 €) de 45 minutes sont régulièrement proposés à l'heure du déjeuner.

✘ Une petite faim ?

Rendez-vous au **Comptoir Cuisine** (p. 31), pour sa délicieuse formule "retour du marché" et la vue sur le Grand Théâtre.

Les incontournables
L'esplanade des Quinconces

Cette esplanade de 12 ha, dont les Bordelais se plaisent à souligner qu'elle est la plus grande place d'Europe, n'a été aménagée en bordure du fleuve qu'au XIXe siècle. C'est là que se dressait autrefois le château Trompette, construit par Charles VII pour protéger et surveiller la ville après le départ des Anglais au XVe siècle. Détruit pendant la Fronde, il fut rebâti au XVIIe siècle par Louis XIV, qui le fit entourer d'un glacis protecteur. Cette forteresse fut démolie en 1818 et l'esplanade prit alors son aspect actuel. Plantée sur les côtés d'arbres en quinconce, elle est le grand rendez-vous des fêtes populaires.

Plan E4

Place des Quinconces

B, C Quinconces

L'esplanade des Quinconces

À ne pas manquer

Le monument aux Girondins
Cette fontaine est typique de la statuaire monumentale de la IIIe République. Parmi la profusion des statues émergent le Char de la République au sud (côté Grand Théâtre), le Triomphe de la Concorde au nord (côté Chartrons) et, au sommet de la colonne centrale, la Liberté brisant ses chaînes. L'histoire de ce monument fait la fierté des Bordelais : déboulonné en 1942 pour être fondu, il disparut avant qu'on ne puisse le détruire et ne fut retrouvé qu'à la fin de la guerre, à Angers. Il devint alors un emblème de la liberté sauvegardée et ne revint à Bordeaux qu'en 1982.

Les colonnes rostrales
Face au fleuve se dressent deux colonnes rostrales de style néoclassique, érigées en 1828 par Alexandre Poitevin. De 21 m de haut, elles portent deux statues représentant le Commerce (colonne nord) et la Navigation (colonne sud). Elles sont ornées dans leur tiers inférieur de quatre proues de galères prolongées de rostres symbolisant la victoire des flottes romaines sur celles de Carthage.

☑ À savoir

▶ La Foire aux plaisirs (fête foraine) se tient ici chaque année, au printemps (mars) et à l'automne (octobre).

▶ Le cirque Arlette Gruss y entame ses tournées en janvier.

▶ En vous avançant du côté des quais, vous pourrez apprécier la vue sur la Garonne et la rive droite.

▶ Traversez la place pour découvrir deux statues en marbre, représentant Montaigne et Montesquieu, érigées au XIXe siècle par le sculpteur Dominique Fortuné Maggesi.

✗ Une petite faim ?

À quelques pas d'ici, dans les allées de Tourny, le **Café Napoléon 3** (p. 31) offre un superbe cadre pour déjeuner.

Voir

Place de la Comédie CŒUR DE VILLE

 Plan D5

À l'intersection de plusieurs quartiers du centre historique, cette place redevenue piétonne constitue un bon point de départ pour une visite de la ville (l'office du tourisme est à deux pas, au 12 cours du 30-Juillet). Face au Grand Théâtre (l'emblème de la ville), le luxueux Grand Hôtel arbore une façade néoclassique, qui fut également dessinée par Victor Louis. La nuit tombée, des jeux de lumière mettent en valeur ces édifices. Admirez aussi la sculpture monumentale de l'artiste espagnol Jaume Plensa : *Sanna*, un visage féminin qui s'inscrit parfaitement dans ce décor architectural du XVIIIe siècle. Au départ éphémère, cette installation séduisit les Bordelais – et un mécène, qui la laisse pour l'instant dans l'espace public. Deux grandes rues commerçantes se rejoignent sur la place : la longue rue Sainte-Catherine (grandes enseignes) et le cours de l'Intendance (shopping plus chic).

Église Notre-Dame ARCHITECTURE BAROQUE

2 Plan D5

Cette superbe église baroque fut édifiée de 1684 à 1707, en pleine Contre-Réforme, au moment où Louis XIV entendait ramener la ville dans le droit chemin. La structure de l'édifice fut d'ailleurs conçue volontairement légère, afin qu'en aucun cas l'église ne puisse servir de refuge à d'éventuels rebelles. C'était à l'origine la chapelle du couvent des Jacobins attenant, dont on aperçoit le cloître sur la droite (cour Mably). La façade reflète une grande liberté de forme et d'ornementation. Tout en légèreté et lumineux, l'intérieur vaut également la visite. La sobriété de ses lignes contraste avec le foisonnement décoratif de l'extérieur. L'église recèle un très bel orgue du XVIIIe siècle, de magnifiques grilles en fer forgé de la même époque sur les deux côtés du chœur, ainsi qu'une belle chaire en bois sculpté et en marbre rouge. (place du Chapelet ; lun-dim 8h-19h ; B Grand-Théâtre, C Quinconces)

La cour Mably

Passage Sarget PASSAGE COUVERT

3 Plan D5

Ce passage reliant le cours de l'Intendance à la place du Chapelet fut ouvert au public en 1878. Durant de nombreuses années, un faux plafond dissimula une magnifique verrière, que l'on peut aujourd'hui admirer. Commerces et cafés trouvent ainsi place sous une belle charpente métallique, accompagnée d'un décor honorant Mercure, symbole du commerce. (du 10 cours de l'Intendance à la place du Chapelet ; 🚌 B Grand-Théâtre, C Quinconces)

Cour Mably COUR PAISIBLE

4 Plan D5

L'ancien cloître du couvent des Jacobins servit de bibliothèque publique au XVIIIe siècle, avant d'accueillir la Société des amis de la Constitution, fondée par les Girondins pendant la Révolution. De nos jours, l'ancienne salle capitulaire accueille des expositions tout au long de l'année. (📞 05 56 44 01 58 ; 3 rue Mably ; ⏰ cloître lun-dim gratuit, salle capitulaire selon expo ; 🚌 B Grand-Théâtre, C Quinconces)

Allées de Tourny URBANISME

5 Plan D4

Ombragée par quatre rangées d'arbres, cette grande avenue, aménagée en 1745 par l'intendant Louis-Aubert de Tourny (1695-1760), offre l'occasion d'une promenade agréable. Admirez les superbes demeures du XVIIIe siècle ; à l'origine, elles ne dépassaient pas un ou deux étages, pour ne pas entraver la fonction de surveillance du château Trompette. Le côté des numéros impairs fut construit plus tardivement. Remarquez la façade du n°9 et les motifs égyptiens au n°3. Au bout, à l'angle du cours Georges-Clemenceau, la statue en pied du marquis de Tourny se dresse au centre de la place éponyme. En juin, les allées accueillent les Épicuriales, pour un joli moment festif et gourmand. (allées de Tourny ; 🚌 B Grand-Théâtre, C Quinconces)

Galerie DX ART CONTEMPORAIN

6 Plan D4

Envie d'art contemporain ? Guettez la programmation de cette galerie, qui propose des expositions de belle facture. (📞 05 56 23 35 20 ; www.galeriedx.com ; 10 place des Quinconces ; ⏰ mer-ven 15h-18h, sam 14h-19h ; 🚌 B et C Quinconces)

Se restaurer

Peppone ITALIEN €€

7 Plan C5

Depuis 20 ans, le lieu ne désemplit pas, grâce à une ambiance chaleureuse et à une cuisine goûteuse, à base de produits frais. Les spaghettis au pécorino sont un délice et les savoureux copeaux de parmesan recouvrant bon nombre de pizzas sont tout simplement… divins ! Il y a souvent foule, mais c'est l'occasion de patienter avec un petit verre de vin et un assortiment de charcuterie *made in Italy*. (📞 05 56 44 91 05 ; 31 cours Georges-Clemenceau ; ⏰ lun-dim 12h-14h30 et 19h-23h ; pas de réservations ; 🚌 B Gambetta)

Elio's Ristorante

SARDE €€

 Plan F5

Soyez prévenu : ici les portions sont de taille (demandez un *doggy bag* !). À votre arrivée, des antipasti vous feront patienter. Ensuite, difficile de faire son choix parmi les entrées (comme le fenouil à l'orange) servies dans de petits bocaux et les plats succulents (raviolis à la ricotta, farcis à la pomme de terre…). (05 56 81 81 11 ; 22 cours du Chapeau-Rouge ; mar-sam 12h-14h30 et 19h30-23h30 ; B Grand-Théâtre, C Place-de-la-Bourse)

Chez Pompon

BRASSERIE €€

 Plan D4

Cent ans d'existence pour cette brasserie incontournable où il fait bon déjeuner de plats concoctés avec les produits du marché. Certains soirs (le jeudi en particulier), les Bordelais viennent prendre un verre dans une ambiance plutôt décontractée. Pensez à réserver le samedi. (05 56 79 13 13 ; www.chez-pompon.fr ; 4 cours de Verdun ; lun-mar 7h-19h, mer-ven 7h-minuit, sam 8h-minuit ; B Grand-Théâtre, C Jardin-Public ou Quinconces)

L'Entrecôte

INSTITUTION €€

10 Plan E5

Préparez-vous à faire la queue, rituel quasi immuable pour pénétrer dans cette institution bordelaise et déguster le non moins immuable (et délicieux) faux-filet, accompagné de la fameuse

Dînez d'un bon repas sarde chez Elio's

sauce maison et de pommes allumettes resservies avec générosité. Menu unique à 19 €. (📞05 56 81 76 10 ; www.entrecote.fr ; 4 cours du 30-Juillet ; 🕐lun-dim 12h-14h et 19h-22h30, pas de réservation ; 🚋B Grand-Théâtre, C Jardin-Public ou Quinconces)

Café Napoléon 3 SUD-OUEST €€

 Plan E5

Son décor Second Empire donne un beau cachet historique à ce bistrot, où le patron n'hésite pas à mettre à la carte les spécialités de son Pays basque natal, aux côtés de classiques bordelais. On voit ainsi se côtoyer morue basquaise et salade de gésiers. (📞05 56 81 52 26 ; www.cafenapoleon3.com ; 6b cours du 30-Juillet ; 🕐lun-ven 7h30-21h, sam-dim 8h-21h, service brasserie en continu en été ; 🚋B Grand-Théâtre, C Quinconces)

Comptoir Cuisine PRODUITS DE SAISON €€€

 Plan E5

On apprécie la carte renouvelée régulièrement et composée de produits frais. Du lundi au vendredi, à midi, le chef propose sa formule 3 en 1 "retour du marché" (20,40 €) avec entrée, plat, dessert, servis en même temps. Faites confiance à son imagination, vous ne serez pas déçu. (📞05 56 56 22 33 ; www.comptoircuisine.com ; 2 place de la Comédie ; 🕐lun-dim midi et soir ; 🚋B Grand-Théâtre, C Quinconces)

Le Quatrième Mur

CADRE HISTORIQUE ET CUISINE MODERNE €€€

Voir **Grand Théâtre** Plan E5

La magnifique brasserie du Grand Théâtre est désormais le terrain de jeu de Philippe Etchebest, qui a inauguré une formule table d'hôtes (170 €) au sous-sol, dans les cuisines. Plus démocratique, son menu du déjeuner (34 €, lundi-vendredi), renouvelé chaque semaine, permet en outre de profiter du cadre, avec les colonnes finement ciselées et les voûtes qui donnent au lieu un côté magistral. Un pari réussi, puisque Le Quatrième Mur s'est vu décerner une étoile au Michelin en 2018. (📞05 56 02 49 70 ; place de la Comédie ; 🕐lun-dim 8h-23h ; 🚋B Grand-Théâtre)

Le Bordeaux-Gordon Ramsay

INSPIRATION BRITISH €€€

 Plan E5

Face à Philippe Etchebest, officie… son homologue *british* ! Après avoir signé la carte du Pressoir d'Argent (le restaurant étoilé du Grand Hôtel), Gordon Ramsay a pris la tête de la brasserie. Sa cuisine, simple et subtile, décline les traditions françaises et anglaises. Sur la carte (menu à 39 €), qui change au rythme des saisons, se côtoient ainsi bœuf Wellington (sa spécialité) et sole grillée du bassin d'Arcachon. En dessert, le chef Arthur Fèvre propose un cheesecake fondant, du baba au rhum, une tarte tatin… Brunch (68 €) le dimanche. (📞05 57 30 43 46 ; bordeaux.intercontinental.com/le-bordeaux-gordon-ramsay ; place de la Comédie ;

⏲ lun-dim 7h-22h30 ; 🚊 B Grand-Théâtre, C Quinconces).

Le Chapon fin   GASTRONOMIQUE €€€€

14 Plan C5

Un monument de la gastronomie bordelaise. Ouvert en 1825, Le Chapon fin a régalé les Bordelais et leurs hôtes les plus illustres (Sacha Guitry, Sarah Bernhardt, Toulouse-Lautrec...) pendant plus d'un siècle, avant de fermer ses portes, puis de rouvrir en 1987. Depuis 2014, Nicolas Nguyen Van Hai, jeune chef talentueux, y compose une cuisine contemporaine et raffinée : caviar d'Aquitaine, chou-fleur et aspic de persil ; pigeon de Brannens, héliantis, café colombien ; saint-pierre, beurre monté nori, carottes, potimarron... Menu à 35 € le midi. (📞 05 56 79 10 10 ; www.chapon-fin.com ; 5 rue Montesquieu ; ⏲ mar-sam 12h-14h et 19h30-21h45 ; 🚊 B Gambetta, Grand-Théâtre)

Le comptoir du salon de thé Any'Teas

Prendre un verre

Any'Teas   TEA TIME

Voir **2** Plan E5

L'après-midi, installé dans un cadre raffiné, on savoure un thé (cent variétés) ou un chocolat à l'ancienne, accompagné de pâtisseries maison (dont des scones). On peut aussi y déjeuner d'une salade de saison ou d'une bruschetta. Le petit escalier en colimaçon qui monte à l'étage est l'œuvre de Gustave Eiffel. (📞 05 56 81 29 86 ; 16 passage Sarget ; ⏲ mar-sam 10h-19h ; 🚊 B Grand-Théâtre, C Quinconces)

Maria Randall   BAR À COCKTAILS

15 Plan D6

Une déco atypique pour un cocktail maison, à siroter bien calé dans un confortable fauteuil rétro ou sur une éblouissante chaise en Formica rose. Laissez-vous tenter par le Diamond Sour (crème de violette, amaretto et framboise écrasée). Une petite faim ? Les plats sont travaillés et les produits de qualité. Un véritable bar bistronomique. (📞 05 57 30 91 47 ; 6 rue Louis-Combes ; ⏲ mar-sam 18h-2h ; 🚊 B Grand-Théâtre)

Le Bar à Vin   BAR À VINS

16 Plan E5

Un salon doté de confortables fauteuils design, un comptoir dans le même style épuré, des vins (à tous les prix) servis au verre par des sommeliers et accompagnés de leur fiche de présentation : tel est le concept "luxe et pédagogie" de ce bar niché au cœur

Shopping

Comprendre
La rue Esprit-des-Lois

Initialement rue Porte-Richelieu, cette rue fut rebaptisée, en hommage à Montesquieu, rue Porte-de-l'Esprit-des-Lois en 1793, puis rue Esprit-des-Lois en 1810. Il est rare que le titre d'une œuvre soit attribué à une rue. Mais Montesquieu (1689-1755 ; voir aussi p. 164), l'auteur du célèbre essai exposant la théorie de la séparation des trois pouvoirs, entretenait de son vivant une relation étroite avec Bordeaux. C'est ici en effet dans cette ville proche du château familial qu'il suivit des études de droit, se maria et acquit une charge au Parlement municipal, avant d'en rejoindre l'Académie des sciences et des belles-lettres.

de la Maison du vin de Bordeaux. La carte des vins, régulièrement renouvelée, comporte une trentaine d'entrées, qui permettent d'apprécier la richesse du terroir bordelais. (☎ 05 56 00 43 47 ; baravin.bordeaux.com ; 3 cours du 30-Juillet ; ⏱ lun-sam 11h-22h ; 🚍 B Grand-Théâtre, C Quinconces)

Sortir

Grand Théâtre   SPECTACLES CLASSIQUES

Voir Grand Théâtre 🎯 Plan E5

Avec l'Auditorium, c'est l'une des deux scènes de l'Opéra national de Bordeaux. Au programme : opéras, spectacles d'art lyrique, ballets et concerts. À noter : avantageux tarif "dernière minute". (☎ infos et réservations 05 56 00 85 95 : mar-sam 13h-18h30 ; www.opera-bordeaux.com ; place de la Comédie ; 🚍 B Grand-Théâtre, C Quinconces)

Auditorium   CONCERTS

 Plan C5

Résidence de l'Orchestre national de Bordeaux Aquitaine, l'Auditorium possède deux salles (de 1 440 et 300 places), d'une qualité acoustique et visuelle exceptionnelle. Il propose une programmation variée, du classique à la musique du monde, en passant par le jazz. Ce lieu est le fruit d'une longue réhabilitation d'un ancien cinéma music-hall. (☎ infos et réservations 05 56 00 85 95 ; www.opera-bordeaux.com ; 9-13 cours Georges-Clemenceau ; ⏱ réservations mar-sam 13h-18h30 ; 🚍 B Gambetta)

CGR Le Français   CINÉMA

 Plan C5

Un multiplexe de 12 salles, pour voir les dernières sorties. (☎ 0 892 688 588 ; www.cgrcinemas.fr ; 9 rue Montesquieu ; 🚍 B Gambetta)

Shopping
Cadiot-Badie   CHOCOLATS

 Plan D4

Une belle gamme de spécialités chez le plus grand chocolatier de Bordeaux : bordelais (ganache de raisins macérés

Quelques délices de la chocolaterie Saunion

à la fine de bordeaux), guinettes ou encore feuilles de San Cristobal (chocolat au lait aux épices et éclats d'amandes)… (05 56 44 24 22 ; www.cadiot-badie.com ; 26 allées de Tourny ; mar-ven 9h30-19h, sam-lun 10h-19h ; B, C Quinconces)

Saunion CHOCOLATS

20 Plan C5

Dans cette institution bordelaise, créée en 1893, Thierry Lalet fait partager avec brio sa passion pour le chocolat. Guinettes, marrons glacés, fruits déguisés, etc. sont présentés dans de superbes boîtes. (05 56 48 05 75 ; www.saunion.fr ; 56 cours Georges-Clemenceau ; lun-sam 9h30-19h15, dim 10h30-13h et 14h30-19h ; B Gambetta)

L'Intendant VIN

21 Plan E5

Près de 15 000 bouteilles sont réparties autour d'un escalier en colimaçon sur 12 m de hauteur. On commence au rez-de-chaussée par les petits vins, et on s'élève en qualité et en prix en gravissant les étages. (05 56 48 01 29 ; www.intendant.com ; 2 allées de Tourny ; lun-sam 10h-19h30 ; B et C Quinconces)

Fromagerie Jean d'Alos FROMAGE

22 Plan D5

En face du Chapon Fin (p. 32), la fromagerie la plus réputée de Bordeaux propose près de 200 variétés de fromages : maroilles, ossau-iraty d'estive, fourme du Limousin ou brebis corse sont affinés sur place. (05 56 44

29 66 ; 4 rue Montesquieu ; ⏰mar-mer 9h-13h et 15h-19h30, jeu-sam 9h-20h ; 🚌 B, C Quinconces)

Bob Corner   DESIGN

23 🔒 Plan D5

Pour les adeptes du design, une visite s'impose dans cette petite boutique, véritable plaisir pour les yeux. On ne sait où donner de la tête entre classiques de la déco et pièces plus inédites. (📞 05 56 23 18 70 ; www.bob-corner.fr ; 7 rue Fénelon ; ⏰ lun 13h-19h, mar-jeu 10h30-13h30 et 14h30-19h, sam 10h-19h ; 🚌 B Grand-Théâtre ou Quinconces, C Quinconces)

La Maison Poétique   DÉCORATION

24 🔒 Plan D4

Meubles en acier, décoration, luminaires, bougies… Le genre de petite boutique dont on aime pousser la porte pour chiner quelques idées. (📞 05 56 23 01 33 ; www.lamaisonpoetique.fr ; 21 rue Jean-Jacques-Rousseau ; ⏰ lun 14h30-19h, mar-sam 10h30-19h ; 🚌 1 à 6 Tourny, 🚌 B Gambetta)

Sports et activités

Le Petit Train   VISITE DE LA VILLE

Voir Office du tourisme ℹ️ Plan E5

La visite de Bordeaux en petit train permet de découvrir l'histoire et l'architecture de la ville, de l'époque gallo-romaine au Bordeaux du XVIIIe siècle, tout en évitant de longues marches. Commentaires audio (avec casque). (billets à l'office du tourisme 📞 05 56 00 68 15 ; 12 cours du 30-Juillet ; ⏰ infos à l'office du tourisme ; 45 min ; tarif plein/5-12 ans 8/4,50 € ; 🚌 B, C Quinconces)

💯 100% bordelais
Sorties chics et branchées

La scène nocturne du quartier est à son image, avec des adresses branchées et assez sélectes. À commencer par le **Black Diamond** (voir **13** ⭐ ; ⏰ jeu-sam 0h30-5h), le club privé du Grand Hôtel. Entre la place des Quinconces et le Grand Théâtre, belle ambiance au rendez-vous à l'incontournable boîte **Le Monseigneur** (**235** ⭐ Plan E5 ; lemonseigneur.com ; 42 allées d'Orléans ; ⏰ mer-sam 23h30-7h) – moins électro que d'autres. À suivre aussi : les soirées du **Cercle** (**236** ⭐ Plan E5 ; lecercle-bordeaux.club ; 29-35 rue Esprit-des-Lois ; ⏰ mer-sam 23h-7h).

Bat³ (BatCub) – Navette fluviale   AU FIL DE L'EAU

25 Plan F5

Des Quinconces, il est possible d'embarquer à bord d'une navette fluviale pour rallier la rive droite ou la Cité du Vin. Une sympathique balade sur la Garonne et un joli moyen de découvrir la ville depuis l'eau ! (📞 05 57 57 88 88 ; infotbm.com ; quais du Maréchal-Lyautey ; ticket 1,60 €, inclus dans les cartes d'abonnement du réseau TBM ; 2 places handicapés, 6 places vélos ; ⏰ lun-ven 7h-19h30, sam-dim 8h45-20h ; 🚌 B, C Quinconces)

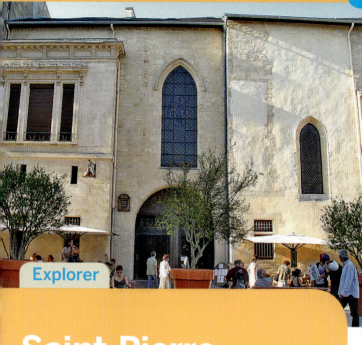

Explorer

Saint-Pierre

Comme en témoigne encore le nom de certaines rues, le quartier Saint-Pierre était autrefois occupé par diverses corporations d'artisans (fabricants de coffres, tonneliers…). Ce secteur, qui s'étend entre le cours du Chapeau-Rouge au nord et le cours d'Alsace-et-Lorraine au sud, la rue Sainte-Catherine à l'ouest et les quais à l'est, forme aujourd'hui le cœur touristique de la ville.

Explorer

L'essentiel en un jour

☀️ Le matin, rendez-vous **place de la Bourse** (p. 40) et profitez du **Miroir d'eau** (p. 40) avant l'affluence. La vue sur la Garonne et sur la façade des quais y est magnifique. Avant de vous enfoncer dans les ruelles, prenez le temps de boire un café au **Grand Bar Castan** (p. 48). Entrez au cœur du quartier Saint-Pierre par la grande porte : la **porte Cailhau** (p. 41). Empruntez les chemins de traverse menant jusqu'à la place Saint-Pierre, en faisant une halte à la **librairie La Mauvaise Réputation** (p. 49). L'église **Saint-Pierre** (p. 41) n'est plus très loin.

☀️ Pour une valeur sûre au déjeuner, rendez-vous à **La Cagette** (p. 43). Vous prendrez ensuite la direction de la **galerie Bordelaise** (p. 41), un chemin divin pour les mordus du **shopping** (p. 48). Terminez l'après-midi par une expo à l'**Espace Saint-Rémi** (p. 42). Mais, avant, goûtez d'un thé et d'une gourmandise à **La Diplomate** (p. 47).

🌙 Le soir venu, admirez les bâtiments qui ceignent la **place du Parlement** (p. 41), puis dirigez-vous **Chez Fred** (p. 48) pour un verre de vin, avant de vous régaler de produits locaux chez **Belle Campagne** (p. 44) ou de fruits de mer au **Petit Commerce** (p. 43). La soirée s'achèvera par un film à l'**Utopia** (p. 48), suivi d'un dernier verre à **La Comtesse** (p. 47).

🔍 100% bordelais

Les charmantes rues piétonnes du quartier historique (p. 38)

Le meilleur du quartier

Les curiosités
Le square Vinet (p. 41)

Pour le déjeuner
La Cagette (p. 43)

West Coast (p. 42)

Mokoji (p. 44)

Pour le goûter
By Popote (p. 43)

La Fabrique Pains et Bricoles (p. 43)

La Diplomate (p. 47)

Comment y aller

🚊 **Tramway** A station Place-du-Palais, C station Place-de-la-Bourse

100% bordelais
Les charmantes rues piétonnes du quartier historique

Si le quartier ne compte pas de monument majeur, la configuration de Saint-Pierre – de jolies places reliées par des ruelles pittoresques, piétonnières pour la plupart – en fait l'un des endroits les plus agréables à parcourir à pied. Au fil de la promenade, ce sont des chapitres entiers de l'histoire de la capitale girondine qui sont évoqués, de l'époque médiévale au siècle des Lumières.

❶ Voies romaines

Depuis le Grand Théâtre, empruntez la **rue Sainte-Catherine**, l'artère la plus longue de Bordeaux (1,2 km), qu'elle traverse du nord au sud. Aujourd'hui flanquée de commerces, elle constituait autrefois l'une des deux principales voies romaines du castrum avec la **rue de la Porte-Dijeaux**. À leur croisement, la **galerie Bordelaise** (p. 41) offre un bel exemple de passage couvert

Les charmantes rues piétonnes du quartier historique

des années 1830, avec sa verrière et ses feuilles d'acanthe.

❷ Des ruelles cachées

Au début de la **rue Saint-Rémi**, prenez à gauche **rue Courbin**, puis empruntez la petite **rue pavée du Pont-de-la-Mousque** sur la droite. Au Moyen Âge, un pont y servait à franchir les fossés insalubres du Chapeau-Rouge.
Au n°30 se trouvait en 1762 la maison Marie-Brizard. Plus loin, on rejoint la jolie petite **place Georges-de-Porto-Riche**. De retour dans la **rue Saint-Rémi**, poursuivez votre chemin jusqu'à la **place de la Bourse** et son fameux **Miroir d'eau** (p. 40). Anciennement place Royale, elle a conservé, tout comme la **place du Parlement** (p. 41 ; place du Marché-Royal) et la rue Fernand-Philippart (rue Royale), son architecture du XVIIIe siècle.

❸ En passant par chez Pierre Molinier

Empruntez la **rue Fernand-Philippart**. Rapidement, tournez à droite en direction de la **rue Leupold** dont l'étroitesse rappelle la ville médiévale. Prenez la **rue des Faussets**, où vous pourrez, si vous trouvez des portes ouvertes, admirer quelques cours intérieures. Levez les yeux vers la frise aux aigles sous les toits du n°7. Il s'agit de l'ancienne demeure du talentueux et sulfureux peintre et photographe bordelais Pierre Molinier. Rejoignez la place Saint-Pierre, où se situait le port (au bord de la Devèze, un affluent de la Garonne aujourd'hui souterrain) durant la période gallo-romaine et où fut édifiée la belle **église Saint-Pierre** (p. 41) au XIVe siècle. Remaniée au XIXe siècle, la façade de l'édifice servit de décor à une séquence du film *Les Misérables*, de Robert Hossein, en 1982.

❹ À la rencontre des bahutiers

Remontez la **rue des Bahutiers**, nommée ainsi au XVIIIe siècle car elle était habitée par des fabricants de coffres. Quelques façades ont conservé leurs boiseries du siècle suivant, ce qui laisse imaginer les différents commerces qui suivirent (tavernes, bouquinistes, restaurants…). À l'angle de la **rue du Cancera**, arrêtez-vous devant la sculpture de saint Pierre, datant de 1687, avant de tourner à droite dans la **rue Maucoudinat**. Au coin, l'immeuble dit de la Samaritaine arbore au-dessus de sa porte une sculpture de la Samaritaine allant puiser de l'eau. Vous voici arrivé sur la très animée **place Camille-Jullian**, où se trouve le magnifique cinéma **Utopia** (p. 48).

Voir

Place de la Bourse URBANISME

26

Dessinée par Ange-Jacques Gabriel, l'architecte de Versailles, l'ancienne place Royale fut érigée de 1729 à 1755 afin d'ouvrir la ville-forteresse, enfermée dans ses murs depuis des siècles. Ses façades deviendront le modèle de la ville classique, avec un répertoire d'ornementations typique du XVIIIe siècle : colonnades incrustées dans la façade, mascarons, rocailles, balcons en fer forgé. Au centre de la place s'élève la fontaine des Trois Grâces (1869). Sur le côté gauche, l'hôtel qui, sous l'Ancien Régime, abritait le service des Fermes y accueille aujourd'hui le **musée national des Douanes** (05 56 48 82 82 ; www.musee-douanes.fr ; tarif plein/réduit 3/1,50 €, gratuit - 18 ans et 1er dim du mois ; mar-dim 10h-18h). À l'intérieur, la halle de dédouanement admirablement restaurée est, avec ses 40 m de long et ses 30 croisées, l'une des curiosités du lieu. Sur la place, visitez aussi l'instructif **Centre d'interprétation de l'architecture et du patrimoine** (05 56 48 04 24 ; 2-8 place de la Bourse ; gratuit ; lun-sam 9h-13h et 14h-18h30, dim et jours fériés 9h30-13h et 14h-17h ; C Place-de-la-Bourse), dont une partie de l'exposition permanente est consacrée à l'histoire du port de Bordeaux.

Miroir d'eau
CURIOSITÉ

27

C'est indéniablement la plus grande réussite de l'aménagement des quais. Entre le fleuve et la place de la Bourse, cette grande dalle de granit bleu couverte d'eau attire à la fois les touristes et les familles (aucun danger pour les enfants, l'eau n'est profonde que de 2 cm), les jeunes et les moins jeunes. Plusieurs fois par heure, 900 brumisateurs se mettent en action, de sorte qu'un brouillard s'élève au-dessus de l'eau, métamorphosant les promeneurs en silhouettes fantomatiques. L'été, le Miroir d'eau se transforme en une

Fontaine de la place du Parlement

sorte de mini-plage, où toute une foule se donne rendez-vous pour se rafraîchir. En vous plaçant dos au fleuve, vous pourrez y voir se refléter les façades des immeubles du XVIIIe siècle classées au patrimoine mondial de l'Unesco. (☉lun-dim 10h-22h, sauf en hiver ; 🚌 C Place-de-la-Bourse)

Galerie Bordelaise   PASSAGE COUVERT

 Plan E6

À l'instar du passage Sarget (p. 29), cette galerie commerçante constitue un bel exemple de passage couvert du XIXe siècle, avec une verrière (récemment restaurée) et des colonnes coiffées de feuilles d'acanthe. Réalisée en 1833, elle relie en suivant un axe diagonal la rue Sainte-Catherine et la rue des Piliers-de-Tutelle. (☉lun-sam 9h-19h30 ; 🚌 B Grand-Théâtre, C Quinconces)

Place du Parlement   URBANISME

 Plan E6

Aménagée en 1760 à la demande de l'intendant Tourny, elle se nommait à l'origine place du Marché-Royal. Ses immeubles ornés de mascarons et de moulures forment un bel ensemble de style Louis XV ; certaines maisons ont été édifiées plus tardivement, dans le respect de l'harmonie initiale. La fontaine, construite dans le même esprit, date de 1869. Les terrasses de cafés et la belle librairie, La Machine à Lire (p. 48), font de cette place lumineuse l'un des pôles d'attraction du quartier. (🚌 C Place-de-la-Bourse)

> ### ◯ 100% bordelais
> **Le square Vinet**
> Ce petit coin de verdure bien caché ravit autant les amoureux de la nature que les enfants. Admirez son mur végétal large de 100 m (l'un des plus longs du monde) conçu par le paysagiste Michel Desvigne. (rue Vinet ; 🚌 C Place-de-la-Bourse)

Église Saint-Pierre   ÉGLISE

 Plan F7

Érigée au XIVe siècle dans le style gothique flamboyant, l'église Saint-Pierre était à l'origine la paroisse des artisans et des marchands. Remarquez son beau portail aux voussures ornées d'anges, de prophètes et d'apôtres. À l'intérieur, découvrez la superbe pietà du XVIIe siècle. (place Saint-Pierre ; ☉ lun-sam 9h-18h ; 🚌 C Place-de-la-Bourse)

Porte Cailhau   PORTE DE VILLE

 Plan F7

Avec ses tourelles et son clocheton hérissés vers le ciel, la porte Cailhau s'apparente à la fois à une tour de défense et à un édifice ornemental. Haute de 35 m, elle fut érigée en 1495 à la gloire du roi Charles VIII qui venait de conquérir le royaume de Naples. Son architecture reflète la transition entre le Moyen Âge et la Renaissance : la porte comportait autrefois une herse et elle a conservé ses mâchicoulis, mais ses fenêtres à meneaux, ses niches flamboyantes et ses éléments décoratifs évoquent une plus grande préciosité. La visite permet d'accéder à la salle des gardes et aux combles des tours, d'où l'on profite d'un panorama du pont de Pierre. (📞 05 56 48 04 24 ; place du Palais ; tarif plein/réduit 5/3,50 €, gratuit - 12 ans ; 🕐 lun-dim 10h-13h et 14h-18h ; 🚋 A Place-du-Palais, C Porte-de-Bourgogne)

Espace Saint-Rémi   EXPOSITIONS
32 🎯 Plan F6

Cet espace d'exposition vaut autant pour les œuvres qui y sont présentées que pour le cadre dont elles profitent : celui de l'ancienne église Saint-Rémi, édifiée entre le XIe et le XVe siècle sur l'emplacement d'un temple dédié à Janus. Les nervures des voûtes de ses deux nefs sont particulièrement belles. (📞 05 24 57 65 60 ; 4 rue Jouannet ; gratuit ; 🕐 14h-18h ou variable selon expo ; 🚋 B Grand-Théâtre, C Place-de-la-Bourse)

Se restaurer
West Coast   BURGERS €
33 🍴 Plan E6

Le maître mot de la maison ? *Home made*. Des produits frais et de saison, des idées et du goût pour des burgers originaux, comme le Venice Beach (bœuf limousin, pesto maison, mozzarella, pickles...) et le Tijuana (blanc de poulet pané, guacamole et oignons caramélisés) – les végétariens ne sont pas oubliés. Les accompagnements (coleslaw, beignets d'oignons, frites) sont en supplément, mais les portions sont généreuses. Gardez une petite place pour le *lemon cheesecake*. (📞 09 80 61 85 93 ; www.westcoastburgers.fr ; 31 rue du Cancera ; 🕐 lun-dim 12h-14h30 et 19h-22h30 ; 🚋 A Sainte-Catherine, B Grand-Théâtre, C Place-de-la-Bourse)

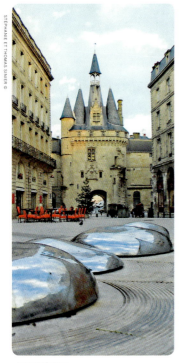

La porte Cailhau

Se restaurer

La Cagette — CANTINE CONVIVIALE €

34 Plan F7

Le menu est renouvelé chaque jour dans cette cantine aux allures de salle de classe. Pour un repas léger : soupe de panais au curry ou *linguine* aux coques, épinards et parmesan. Et pour les grosses faims : pain de viandes caramélisé au bacon, avec purée de pommes de terre et haricots verts. En dessert, on craque pour un cheesecake aux myrtilles. Et le dimanche… on brunche ! Bon, beau et convivial. (09 80 53 84 35 ; www.lacagette.com ; 8 place du Palais ; mar-ven 12h-14h30 et 20h-22h30, sam 12h-15h et 20h-22h30, dim 11h30-15h ; A Place-du-Palais)

By Popote — CANTINE GOURMANDE €

35 Plan E6

Des produits du marché cuisinés dans l'ancien atelier d'un tailleur pour hommes, à manger sur place ou à emporter. Au menu : salades inventives (poulet, speculoos, jeunes pousses et aubergines), sandwichs et plats chauds (mijoté du jour, plat végétarien, wok…). Et pourquoi ne pas finir par un sablé Nutella ou un cake chocolait caramel ? Un petit côté régressif qui nous plaît bien. (05 56 23 17 34 ; 33 rue des Piliers-de-Tutelle ; lun-ven 11h30-16h, sam 11h30-17h30 ; B Grand-Théâtre, C Place-de-la-Bourse)

✅ Bon plan

Remplir son panier

Lamproie à la bordelaise, cèpes, terrine vigneronne, Lillet, foie gras de canard… on pourrait continuer longtemps la liste des bons produits du **Comptoir bordelais** (237 Plan E6 ; 05 56 79 22 61 ; 1 bis rue des Piliers-de-Tutelle ; lun-sam 9h-19h, dim 10h-18h ; B Grand-Théâtre), où il est facile de composer un panier gourmand. Cette belle épicerie fine fait aussi caviste. Pour constituer un plateau de fromages, direction la rue du Pas-Saint-Georges, à la **fromagerie Deruelle** (238 Plan E7 ; 05 57 83 04 15 ; 66 rue du Pas-Saint-Georges ; lun 16h-19h30, mar-sam 10h-13h30 et 16h-19h30 ; A Place-du-Palais). Mais attention : le choix (vaste) et la qualité pourraient bien vous faire tourner la tête ! À l'heure du goûter, dirigez vos pas vers **La Fabrique Pains et Bricoles** (239 Plan E7 ; 05 56 44 84 26 ; 47 rue du Pas-Saint-Georges ; lun-sam 8h-20h30, dim 8h-15h ; A Place-du-Palais). Ne soyez pas découragé par la file d'attente. Le pain aux pommes et les madeleines (sans doute les meilleurs de la ville) en valent vraiment la peine.

Le Petit Commerce — POISSON ET FRUITS DE MER €€

36 Plan F6

Des poissons, coquillages et crustacés en provenance directe de la criée, un menu qui change chaque jour, un cadre de bistrot, une ambiance animée. Bref, une adresse désormais classique dans le paysage bordelais, qui a pignon des deux côtés de la rue. (📞05 56 79 76 58 ; 22 rue du Parlement-Saint-Pierre ; ⏰lun-dim 10h-1h ; 🚋A Place-du-Palais, C Place-de-la-Bourse)

Koh I Noor   INDO-PAKISTANAIS €€

 Plan F6

Il est parfois utile de se perdre un peu dans les ruelles. Pour trouver, par exemple, cet Indien authentique, qui utilise le four au charbon de bois tandoori, tant pour la cuisson du traditionnel naan que pour la grillade des viandes. Samosas aux légumes et *dal palak* (lentilles aux épinards et autres saveurs) pour les végétariens. Une seule petite mise en garde : pensez à indiquer votre seuil de tolérance aux épices. (📞05 56 51 17 55 ; www.restaurantkohinoor.com ; 3 rue du Puits-Descujols ; ⏰mar-sam 12h-14h30 et 19h-23h30, lun 19h-23h30 ; 🚋C Place-de-la-Bourse)

Mokoji   CORÉEN €€

 Plan E7

Ce paisible petit restaurant coréen propose une courte carte de plats délicieux. Le *bibimbap* est frais, savoureux, et copieux. Selon vos envies, arrosez-le de sauce soja ou pimentée ! Pas de dessert. (📞05 56 06 60 03 ; 13 rue du Serpolet ; ⏰mar-sam 12h-14h30 et 19h-22h30 ; 🚋A Sainte-Catherine)

L'Annexe du Café Japonais   JAPONAIS €€

Il y avait le Café Japonais. À présent, il y a son annexe, accolée au cinéma Utopia où, dans une déco très zen, on savoure des mets toujours aussi frais et bons. Plat du jour et formule bento le midi, ou desserts japonais et thés verts pour une pause tout en douceur l'après-midi. Idéal quand on sort d'un film asiatique ! (📞05 56 48 68 48 ; 13 rue Saint-Siméon ; ⏰lun-dim 12h-23h ; 🚋A Sainte-Catherine)

Le Bouchon Bordelais   BISTRONOMIE €€€

 Plan E5

Voici une maison où l'on se sent bien. On aime la cuisine qui change au gré des saisons et des envies du chef, Frédéric Vigouroux, la formule "micmac du midi", les conseils en vin, et les desserts comme le chocolathérapie… (📞05 56 44 33 00 ; www.bouchon-bordelais.com ; 2 rue Courbin ; ⏰mar-ven 12h-14h et 20h-21h45, sam soir ; 🚋B Grand-Théâtre)

Belle Campagne   TABLE LOCAVORE €€

 Plan F7

Ici, la cuisine est engagée (produits locaux dans un rayon de 250 km, bio de préférence), créative et revigorante. Des plats à savourer attablé au premier étage, ou en mode *finger food* au comptoir. (📞05 56 81 16 51 ; www.belle-campagne.fr ; 15 rue des Bahutiers ; ⏰mar-sam 12h-14h et 19h-22h, jusqu'à 22h30 ven-sam ; 🚋A Place-du-Palais, C Place-de-la-Bourse)

Hamburger façon West Coast (p. 42)

Le Davoli
FINE CUISINE €€€

 41 Plan F7

En semaine, le menu du midi (24-28 €) est une bonne option pour découvrir l'une des belles adresses de Saint-Pierre. Prenez place dans l'agréable salle aux murs de pierre et laissez-vous séduire par le service et les assiettes, où s'orchestre une jolie partition saisonnière, à l'image de la cannette fermière de Challans, rôtie sur le coffre et cuisse confite, et ses carottes des sables glacées au jus d'orange. (☏ 05 56 48 22 19 ; www.ledavoli.com ; 13 rue des Bahutiers ; ⏰ mar-sam 12h-14h et 19h30-22h ; 🚋 A Place-du-Palais, 🚋 C Place-de-la-Bourse)

Miles
VOYAGE CULINAIRE €€€

42 Plan E6

Un lieu design et chaleureux, avec quatre chefs de cultures différentes (originaires de Nouvelle-Calédonie, du Japon, d'Israël et du Vietnam), dont les goûts s'accordent à merveille, dans un grand restaurant où la décontraction est de mise. Pas de carte, mais un menu dégustation surprise midi (27-32 €) et soir (5 plats, 48 €). Pour assister à la préparation des assiettes, installez-vous à l'imposant comptoir en bois. (☏ 05 56 81 18 24 ; www.restaurantmiles.com ; 33 rue du Cancera ; ⏰ mar-ven 12h15-13h30 et 19h30-22h, sam 19h30-22h ; 🚋 A Place-du-Palais, B Grand-Théâtre, C Place-de-la-Bourse)

Mampuku
NÉO BISTROT €€

 43 Plan G7

La seconde adresse du restaurant Miles. On y retrouve la même convivialité, avec un comptoir en bois face à la cuisine et une exigence sans faille pour un voyage culinaire réussi, mais une carte est cette fois affichée (poulet mariné au gingembre et saké, langue de bœuf confite et grillée au soja et au sésame, salade tahitienne, etc.). Les chefs du Mampuku parlent de *street food* réinventée. Pour nous, c'est bien plus que ça. (05 56 81 18 75 ; www.mampuku.com ; 9 rue Ausone ; mar-sam 12h30-14h30 et 19h30-22h30 ; A Place-du-Palais, C Porte-de-Bourgogne, Bourse)

Michel's
BISTROT €€

44 Plan E6

Un bistrot de quartier aux couleurs acidulées, avec une cuisine simple et de qualité. Le burger au thon est excellent, et le tartare est bien préparé, tout comme le poêlon végétarien (falafel et purée de céleri). Quant au patron, il cultive un petit côté ronchon qui ne nous déplaît pas, d'autant que l'adresse n'en reste pas moins conviviale. (05 56 81 31 56 ; www.michelsbistro.fr ; 15 rue du Pas-Saint-Georges ; lun-dim midi et soir ; C Place-de-la-Bourse)

Prendre un verre

Le Café de l'Utopia
CAFÉ-CINÉMA

Voir **53** Plan E7

Installé dans une ancienne église (deux des salles ont conservé l'architecture d'origine), le cinéma d'art et d'essai l'Utopia (voir aussi

Produits régionaux et de saison au rendez-vous dans cet excellent bistrot gastronomique (p. 44)

Prendre un verre

p. 48) est à l'origine du développement culturel du quartier. Son café réunit les cinéphiles bordelais, avant ou après la séance. Sa terrasse est l'une des mieux exposées et des plus sympathiques de la place Camille-Jullian. (☎05 56 79 39 25 ; cafe.utopia. free.fr ; 5 place Camille-Jullian ; ⊙lun-dim 10h-22h30 ; 🚌A Place-du-Palais, Sainte-Catherine)

La Comtesse   BAR

45 🚌 Plan F6

Ce petit bar raffiné aménagé comme un salon semble ne jamais désemplir. Autour d'une cheminée, vieilles lampes et fauteuils de bridge lui donnent un côté cosy. Une ambiance de conte de fées aux lumières tamisées, où la musique laisse une place de choix à l'électro. (☎05 56 51 03 07 ; 25 rue du Parlement-Saint-Pierre ; ⊙lun-dim 17h45-2h ; 🚌C Place-de-la-Bourse)

Le Saint-Rémi   CAFÉ

46 🚌 Plan E6

Dans la galerie Bordelaise, ce café est le refuge idéal pour se couper de la foule parfois un peu trop dense de la rue Sainte-Catherine. La déco est certes un peu vieillotte, mais il a su garder tout le charme du Bordeaux d'autrefois. Seul petit bémol : les toilettes sont difficiles d'accès. (☎05 56 81 43 73 ; 8 galerie Bordelaise/69 rue Saint-Rémi ; ⊙lun-dim 10h-20h ; 🚌B Grand-Théâtre)

La Diplomate   THÉ

47 🚌 Plan E6

Le paradis du thé, sur place ou à emporter. Dans une atmosphère paisible et discrètement rétro, accompagnez votre rooïbos de délicieux scones (beurre, confiture). La carte des pâtisseries varie, selon les saisons et les envies. Une constante : c'est toujours *home made*. (☎05 56 81 65 42 ; www.ladiplomate.fr ; 32 rue du Parlement-Saint-Pierre ; ⊙mar-dim 14h-19h ; 🚌C Place-de-la-Bourse)

L'Autre Petit Bois   CAFÉ ENCHANTÉ

48 🚌 Plan E6

Une carte des vins élaborée, des cocktails sans alcool et des gourmandises sucrées ou salées (cupcakes, salades, tartines…) à déguster dans une ambiance cosy et une décoration atypique. Coup de cœur assuré. (☎05 56 48 02 93 ; 12 place du Parlement ; ⊙lun-mer et dim 12h-1h, jeu-sam 12h-2h ; 🚌B Grand-Théâtre, C Place-de-la-Bourse)

Café Brun   BAR, PUB

49 🚌 Plan E6

Murs de pierre et panneaux de bois sombre. Le temps semble suspendu dans ce magnifique café. Entre apéros-concerts et retransmission d'événements sportifs, la programmation de l'établissement est dense. Pour les amateurs de whisky, le Café Brun propose la plus belle carte de Bordeaux. (☎05 56 52 20 49 ;

45 rue Saint-Rémi ; ⊙lun-sam 9h-2h, dim 13h-2h ; 🚋B Grand-Théâtre, C Place-de-la-Bourse)

The Houses of Parliament PUB

 Plan E6

Ici, les accalmies se font rares, entre tournois de fléchettes, compétitions de billard, soirées-concerts, quiz et happy hour. On note une tendance prononcée à faire la fête, de préférence autour d'une bière anglaise. (☎05 56 79 38 03 ; hop-pub.com ; 11 rue du Parlement-Sainte-Catherine ; ⊙lun-ven 15h-2h, sam 13h-2h, dim 14h-2h ; 🚋B Grand-Théâtre, C Place-de-la-Bourse)

Chez Fred CAFÉ

 Plan F7

Un spot incontournable pour ses planches apéro en fin de journée, un verre tranquille en terrasse aux beaux jours, et sa déco années 1950. (☎05 56 30 91 01 ; 19 place du Palais ; ⊙lun-ven 7h30-2h, sam-dim 9h-2h ; 🚋A Place-du-Palais)

Grand Bar Castan CAFÉ HISTORIQUE

Son décor de 1903 est unique : une rocaille épaisse recouvre les murs de ce café, lui donnant un air de caverne ; à l'extérieur, une superbe marquise classée ornée de vitraux abrite une grande terrasse (chauffée l'hiver). À l'heure de l'apéritif, on apprécie les olives et les autres petits amuse-gueule servis avec les consommations. (☎05 56 44 51 97 ; 2 quai de la Douane ; ⊙lun-dim 9h30-2h ; 🚋C Place-de-la-Bourse)

Sortir

Utopia CINÉMA D'ART ET D'ESSAI

Un cinéma d'art et d'essai original et un lieu de débats, installé dans l'ancienne église Saint-Siméon, du XVe siècle, qui a connu bien des changements au cours des siècles. Après la Révolution, le bâtiment accueillit une salpêtrière ; puis, en 1833, l'École navale des mousses et novices s'y établit. En 1863, l'ancienne église prit des allures de fabrique de conserves. Elle vit ensuite se succéder un marchand de cycles et un garage. Une histoire riche, qu'il est bien difficile d'imaginer, confortablement assis dans son fauteuil. (☎05 56 52 00 03 ; www.cinemas-utopia.org ; 5 place Camille-Jullian ; tarif plein/matin 6,50/4 € ; 🚋A Place-du-Palais, Sainte-Catherine)

Calle Ocho SOIRÉES LATINOS

Un incontournable des soirées enfiévrées aux rythmes latins. Cela commence par l'apéro-tapas et se finit tard dans la nuit. (☎05 56 48 08 68 ; www.calle-ocho.eu ; 24 rue Piliers-de-Tutelle ; ⊙lun-dim 7h-2h ; 🚋B Grand-Théâtre, C Place-de-la-Bourse)

La devanture kitsch du bar La Comtesse (p. 47)

Shopping

La Machine à Lire LIBRAIRIE

Voir 29 Plan F7

Comme Mollat (p. 67), l'autre librairie indépendante incontournable à Bordeaux, La Machine à Lire a ses aficionados, qui apprécient ses conseils avisés, ses rencontres et ses vitrines thématiques. Et pour ne rien gâcher à l'affaire, elle loge place du Parlement, dans un bel immeuble du XVIIe siècle. (05 56 48 03 87 ; www.lamachinealire.com ; 8 place du Parlement ; lun 14h-20h, mar-sam 10h-20h ; C Place-de-la-Bourse)

La Mauvaise Réputation LIBRAIRIE

55 Plan F7

Une librairie pas comme les autres : littérature érotique, fanzines, livres d'artistes, romans, bandes dessinées, produits dérivés, affiches et le meilleur du polar. Autre botte secrète de cette adresse, la galerie en face accueille de nombreux artistes. (05 56 79 73 54 ; www.lamauvaisereputation.net ; 19 rue des Argentiers ; lun-sam 10h-19h ; A Place-du-Palais)

Au Dénicheur BROCANTE

56 Plan F7

Une véritable malle aux trésors. On y fouine durant des heures pour y découvrir des choses insolites, de vieux disques, des objets de collection, voire de vieux téléphones. Un lieu qui évoque le grenier de nos grands-parents, idéal pour les journées pluvieuses. (06 14 47 37 08 ; 12 rue de la Cour-des-Aides ; lun et mer-dim 14h-19h ; C Place-de-la-Bourse)

Mint Bazar BAZAR CHIC

57 Plan E7

Un espace tout en longueur, où vêtements de créateurs, bijoux, petite déco et autres jolies trouvailles vous font de l'œil. Pour se faire, et faire plaisir. (09 66 01 37 56 ; www.mintbazar.fr ; 48 rue du Pas-Saint-Georges ; lun 14h-19h, mar 11h-19h, mer-sam 10h-19h ; A Sainte-Catherine, C Place-de-la-Bourse)

Le Petit Souk ENFANTS

58 Plan E7

Une boutique colorée, un brin foutraque, pour les petits mais aussi pour les grands. Jolis tissus, vaisselle en mélamine de chez Rice, guirlandes, coussins… Difficile d'en ressortir les mains vides. (05 56 90 83 01 ; www.lepetitsouk.fr ; 27 rue du Pas-Saint-Georges ; lun 14h-19h, mar-sam 10h-19h ; A Sainte-Catherine, C Place-de-la-Bourse)

IDK-Lé CHAUSSURES ET ACCESSOIRES

59 Plan E7

On aime la sélection – toujours bien sentie – de cette boutique dédiée aux chaussures (pour hommes et femmes) et aux accessoires (montres, bijoux, sacs, ceintures en cuir, etc.). L'accueil est chaleureux, à l'image du canapé en velours qui invite à prendre le temps. Pour les chaussures, mieux vaut attendre les soldes pour craquer ! (05 56 79 25 18 ; 19 rue du Pas-Saint-Georges ; lun 13h30-19h, mar-sam 10h-19h30 ; A Sainte-Catherine, C Place-de-la-Bourse)

Matsaï Mara BIJOUX

60 Plan E6

Une boutique façon boudoir contemporain, où l'on découvre avec un plaisir sans cesse renouvelé les créations de Matsaï Mara. Des bijoux (bagues, sautoirs, joncs, etc.),

L'intérieur gai du Petit Souk

Bon plan

Session shopping

Les rues du quartier Saint-Pierre sont jalonnées d'innombrables boutiques. La plus animée est l'interminable rue Sainte-Catherine, à laquelle est rattachée la récente promenade Sainte-Catherine, où se succèdent les enseignes grand public. Pour dégotter des adresses plus confidentielles, quittez le flux de piétons et partez explorer les rues situées autour de la place du Parlement, de la place Saint-Pierre et de la place Camille-Jullian.

si fins que l'on n'hésite pas à jouer les superpositions. Une sélection de vêtements et sacs également. (📞 05 56 81 35 61 ; www.matsai-mara.com ; 20 rue du Pas-Saint-Georges ; ⏰ lun 13h-19h, mar-sam 11h30-19h ; 🚊 A Sainte-Catherine, C Place-de-la-Bourse)

Verdeun   MODÉLISME

Voir 28 Plan E6

Cette adresse historique de la galerie Bordelaise (p. 41) a fait rêver plus d'un enfant. Le plus ancien magasin de jouets de la ville, fondé en 1948, n'occupe plus tout l'espace qu'il avait gagné au fil du temps. Derrière son immuable façade verte, il s'est recentré sur le modélisme (trains, avions, voitures, bateaux). On peut aussi y trouver des drones. (📞 05 56 81 63 18 ; 36 passage Galeries-Bordelaises ; ⏰ lun-sam 10h30-12h30 et 14h-19h ; 🚊 B Grand-Théâtre)

Sports et activités

Croisières   BALADES FLUVIALES

61   Plan G7

Les possibilités de balades sur le fleuve sont nombreuses. Visite commentée des façades des quais classées au patrimoine mondial de l'Unesco, visites œnologiques, simple escapade au fil de l'eau. Plus ou moins loin, selon vos envies et votre budget. Les départs se font du ponton d'honneur, quai Richelieu. (renseignements à l'office du tourisme de Bordeaux ; 📞 05 56 00 66 00 ; 12 cours du 30-Juillet)

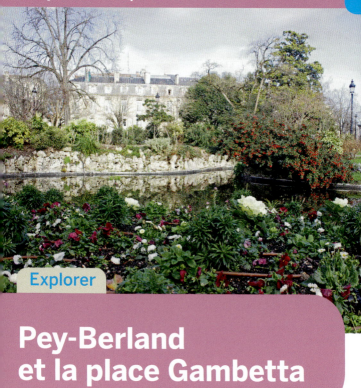

Explorer

Pey-Berland et la place Gambetta

Le quartier Pey-Berland, dominé par la cathédrale Saint-André, porte le nom d'un archevêque, fondateur de l'université de Bordeaux en 1441. Il regroupe certains des plus beaux musées de la ville et possède des rues commerçantes animées. Plusieurs rues piétonnes mènent de Pey-Berland vers le cours de l'Intendance et la place Gambetta, remarquable pour ses élégants édifices du XVIIIe siècle.

Explorer

L'essentiel en un jour

🌅 Sur la place Pey-Berland, commencez la journée à la terrasse du **Café Français** (p. 65), idéalement situé entre le **palais Rohan** (p. 58) et la **cathédrale Saint-André** (p. 54). Faites signe à la statue de Jacques Chaban-Delmas et armez-vous de courage pour gravir la **tour Pey-Berland** (p. 56) – de préférence par beau temps, pour profiter de la vue. Sinon, filez au **musée d'Aquitaine** (p. 60).

☀️ Pour le déjeuner, cap sur **Côté rue** (p. 62), pour découvrir un chef qui monte, ou sur le **Palatium** (p. 62) pour une ambiance brasserie. Allez prendre un café au **musée des Arts décoratifs et du Design** (p. 59), le MADD, puis laissez-vous séduire par le lieu. Consacrez le reste de l'après-midi aux rues commerçantes. Les gourmands fileront près de la porte Dijeaux, chez **Baillardran** (p. 67), **Hasnaâ** (p. 67) ou aux **Dunes Blanches** (p. 67), et les amateurs de livres à la librairie **Mollat** (p. 67).

🌙 Pour l'apéritif, regardez du côté de l'**Espace 29** (p. 60), pour voir si un vernissage a lieu. Sinon, optez pour un bon cocktail (ou une pinte) au **Dick Turpin's** (p. 64), où l'on peut même se faire livrer une pizza. Vous pourrez aussi réserver au **CPP Ristorante** (p. 63), tant pour le goût que pour la déco. En saison, finissez par un dernier verre sur la terrasse branchée du **Mama Shelter** (p. 66).

👁 Les incontournables
La cathédrale Saint-André (p. 54)

La tour Pey-Berland (p. 56)

❤ Le meilleur du quartier

Art

Espace 29 (p. 60)

Musée des Arts décoratifs et du Design (p. 59)

Musée d'Aquitaine (p. 60)

Musée des Beaux-Arts (p. 58)

Brunchs

Plume (p. 62)

English Country Kitchen (p. 63)

Les curiosités

La borne du kilomètre 0 (p. 60)

La glycine de la rue du Loup (p. 63)

Le tribunal de grande instance (p. 61)

Comment y aller

🚋 **Tramway** A ou B station Hôtel-de-Ville pour Pey-Berland, B station Gambetta pour la place Gambetta

Les incontournables
La cathédrale Saint-André

Merveille gothique dominant la place Pey-Berland de ses deux tours finement ciselées, la cathédrale fut d'abord une basilique romane, consacrée en 1096. L'édifice restauré que l'on admire aujourd'hui fut construit entre le XIIe et le XVIe siècle. Deux mariages royaux y furent célébrés : celui d'Aliénor d'Aquitaine et de Louis VII, futur roi de France, en 1137, et celui de Louis XIII et d'Anne d'Autriche, en 1615.

Plan C7

05 56 44 67 29

Place Pey-Berland

oct-mai lun 14h-19h, mar, jeu et ven 10h-12h et 14h-18h, mer et sam jusqu'à 19h ; juin-sept lun 15h-19h30, mar-dim 10h-13h et 15h-19h30, juil-août dim jusqu'à 19h

A ou B Hôtel-de-Ville

La cathédrale Saint-André

À ne pas manquer

Le portail royal
Cet admirable portail (côté hôtel de ville), construit vers 1250, était autrefois l'entrée la plus prestigieuse, jusqu'à l'ouverture du portail sud au XIVe siècle. D'après la légende, il aurait été muré après le mariage de Louis XIII et d'Anne d'Autriche, célébré ici le 8 décembre 1615. Une explication plus cartésienne voudrait qu'il l'ait été à la suite de la surélévation du sol. Dans les ébrasements, les statues de saints évoquent celles des ateliers rémois et parisiens du milieu du XIIIe siècle. Sur le tympan gothique, le Christ-juge, entouré de la Vierge et de saint Jean, domine la résurrection des morts. Surmontant cet ensemble, la galerie des Évêques est ornée de huit statues de 2,30 m de hauteur. Cet ouvrage était initialement peint (l'admirable restauration, achevée en 2015, a révélé des traces de polychromie). Puis, au XIXe siècle, il fut recouvert d'un enduit ocre jaune.

Les grandes orgues
Détruit pendant la Révolution, le premier orgue de la cathédrale fut remplacé en 1804 par l'orgue Micot de la Réole. Mais les mécontentements ne tardèrent pas à se faire entendre, car l'instrument n'était pas assez puissant. Le mécanisme intérieur fut alors échangé avec celui de l'église Sainte-Croix (p. 86). Puis le facteur d'orgues bordelais Georges Wenner le dota d'un plus grand récit en 1875. En 1973, il fut remplacé par un instrument néoclassique.

Le trésor de la cathédrale
L'ancienne sacristie de la cathédrale abrite désormais la superbe collection réunie par le chanoine Albert Marcadé qui la légua en 1947 à l'État. Restaurée, elle compte des statues et de superbes tableaux primitifs italiens et espagnols. L'école flamande est également représentée.

☑ À savoir

▶ La cathédrale Saint-André est inscrite au patrimoine mondial de l'Unesco depuis 1998.

▶ Des concerts sont parfois donnés dans la cathédrale. Consultez le calendrier sur le site www.cathedrale-bordeaux.fr.

▶ Des visites guidées gratuites sont proposées une fois par mois par l'**association Ars et Fides** (✆ 06 83 50 93 85 ; ars-et-fides-bordeaux.fr).

▶ Le trésor Mercadé se visite le mercredi et le samedi de 14h30 à 17h30 (2 €, gratuit - 12 ans).

✘ Une petite faim ?

Installez-vous au calme à l'**English Country Kitchen** (p. 63), pour une pause très *british*.

Les incontournables
La tour Pey-Berland

À quelques mètres de la cathédrale se dresse… son clocher, la tour Pey-Berland, érigée entre 1440 et 1446 et dont le bourdon de 8 tonnes, nommé Ferdinand-André, fut installé en 1869. La flèche qui la surmonte date du XIXe siècle, de même que la statue de Notre-Dame d'Aquitaine, qui étincelle à son sommet depuis qu'elle a été redorée. Aujourd'hui, la tour est inscrite au Patrimoine mondial et figure, comme la cathédrale, sur le chemin de Saint-Jacques-de-Compostelle.

◉ Plan D7

📞 05 56 81 26 25

Place Pey-Berland

Tarif plein/réduit 6/5 €, gratuit - 25 ans

🕐 lun-dim juin-sept 10h-13h15 et 14h-18h, oct-mai 10h-12h30 et 14h-17h30 (dernier accès 30 min avant fermeture)

🚌 A ou B Hôtel-de-Ville

La tour Pey-Berland

À ne pas manquer

Une histoire singulière
En raison du caractère marécageux du sol sous la cathédrale Saint-André, son clocher ne lui est pas attenant. En 1790, sa destruction fut évitée de peu grâce à la mobilisation de la population, qui parvint à stopper un projet d'élargissement des rues. La tour fut vendue, puis abrita une fabrique de plombs de chasse. Il fallut attendre 1851 pour qu'elle retrouve sa fonction initiale, après avoir été rachetée par le cardinal Donnet. Auparavant, elle n'avait jamais accueilli de cloche.

La chambre des cloches
Le beffroi en chêne, installé à 24 m au-dessus du sol, soutient quatre cloches monumentales munies d'un moteur électrique. Ferdinand-André 1, le premier bourdon trop lourd et fêlé, fut vite remplacé par Ferdinand-André 2, soit 8 tonnes et 2,32 m de diamètre. Première étape, première terrasse, vous êtes déjà à 40 m du sol. En baissant les yeux, vous apercevrez deux "petites" cloches. La plus grosse, Marguerite (2,5 tonnes), fut la seule coulée à Bordeaux, par la fonderie Bollée. La seconde sonne l'Angélus en balançant ses 880 kilos.

Notre-Dame d'Aquitaine
Depuis la seconde terrasse, on aperçoit la flèche haute de 10 m. À son sommet, la statue de Notre-Dame d'Aquitaine (6 m de haut et 1,3 tonne) est l'œuvre de Jean-Alexandre Chertier, maître orfèvre parisien. Commandée par le cardinal Donnet en 1863, elle fut entièrement réalisée par un assemblage de plaques de cuivre, renforcé par une structure métallique. Tournée vers le Médoc, elle regarde en direction du hameau Saint-Raphaël à Avensan, lieu de naissance de Pey-Berland. Restaurée en 2002 à la feuille d'or, elle perce aujourd'hui le ciel bordelais.

☑ À savoir

▶ La montée est ardue : 231 marches et un escalier à vis. Cependant, la tour Pey-Berland offre au cœur de la ville la plus belle vue de Bordeaux et de ses principaux monuments (venez de préférence un jour où il fait beau).

▶ Des visites guidées sont organisées. Infos et réservation au 📞 05 56 81 26 25.

▶ Pour les visites en famille, téléchargez le jeu pour les 8-12 ans sur le site www.lafabriqueahistoires.fr.

✗ Une petite faim ?

Les gourmands craqueront pour un plat du jour chez **Plume** (p. 62).

Voir

Palais Rohan HÔTEL DE VILLE

 Plan C7

Le palais Rohan, siège de l'hôtel de ville depuis 1837, appartient longtemps aux archevêques de la ville. Son nom lui vient de l'un d'entre eux, Ferdinand-Maximilien Mériadec de Rohan, qui le fit entièrement reconstruire au XVIIIe siècle, pour lui donner l'aspect qu'on lui connaît aujourd'hui : celui d'un imposant bâtiment d'architecture néoclassique, précédé d'une vaste cour pavée. Une visite guidée permet d'en découvrir l'intérieur, dont les éléments les plus notables sont l'escalier monumental, les salons de style Louis XVI et les trompe-l'œil de la salle à manger. Le palais comprend également deux ailes à l'arrière, occupées par le musée des Beaux-Arts (accès par le cours d'Albret), entre lesquelles se déploie un joli jardin public. (📞 infos et réservation 05 56 00 66 00 ; place Pey-Berland ; visite guidée tarif plein/réduit 5/3,50 €, gratuit - 12 ans et avec le City Pass ; 🕐 visite guidée mer 14h30 et ven 10h, sauf jours fériés ; 🚋 A ou B Hôtel-de-Ville)

Musée des Beaux-Arts PEINTURE EUROPÉENNE

63 Plan B7

Ce musée regroupe des œuvres de l'école vénitienne (XVIe siècle), de belles toiles flamandes et hollandaises du XVIIe siècle et quelques peintures du XVIIIe français. Des tableaux

Musée des Arts décoratifs et du Design

> **Comprendre**
> ## Le quartier Lescure et l'Art déco
>
> À Bordeaux, le style Art déco a son quartier. Il s'est développé autour du **parc Lescure** (actuel stade Chaban-Delmas ; hors plan A8 ; 🚇 Stade-Chaban-Delmas), inauguré en 1938. Lancé en 1925, ce vaste programme d'urbanisme correspondit au développement de la cité vers l'ouest. Près de l'avenue Vercingétorix, les rues paisibles et ombragées sont bordées d'élégantes demeures. L'ensemble est d'une unité exceptionnelle. Les porches aux lignes pures, les fenêtres à pan oblique et les ornements des façades (médaillons, cannelures, roses stylisées) révèlent des formes géométriques inspirées du vent de la modernité.

de Corot et de Delacroix sont également exposés, ainsi qu'une toile d'Odilon Redon. Dans l'aile consacrée à l'art moderne, admirez les œuvres de Georges Braque, de Zadkine et d'André Masson, et le bel ensemble de toiles de Matisse. Ateliers enfants les mercredis et durant les vacances scolaires. (📞 05 56 10 20 56 ; www.musba-bordeaux.fr ; 20 cours d'Albret ; tarif plein/réduit 5/3 €, gratuit - 18 ans et 1er dim du mois sept-juin, atelier enfant 5 € ; ⏱ tlj sauf mar et jours fériés 11h-18h ; 🚇 A Palais-de-Justice)

Galerie des Beaux-Arts
EXPOSITIONS TEMPORAIRES

Conçue en même temps que les bâtiments de l'Exposition universelle de 1937, cette imposante galerie rattachée au musée des Beaux-Arts accueille de grandes expositions temporaires sur 3 étages. (📞 05 56 96 51 60 ; www.musba-bordeaux.fr ; place du Colonel-Raynal ; tarif plein/réduit 7/4 €, accès au musée des Beaux-Arts inclus, gratuit - 18 ans et 1er dim du mois sept-juin ; ⏱ tlj sauf mar et jours fériés 11h-18h pendant expos ; 🚇 A Mériadeck)

Musée des Arts décoratifs et du Design
MUSÉE

Installée dans le magnifique hôtel de Lalande (1779), la collection du MADD se compose de meubles, céramiques, et pièces de verrerie et d'orfèvrerie, qui datent principalement des XVIIIe-XIXe siècles. Des décors raffinés d'intérieurs bordelais de l'époque sont reconstitués dans chaque salle, ce qui rend la visite plaisante et instructive. Parmi les plus belles pièces figurent un secrétaire Louis XVI (salon de Porcelaine), une épinette décorée d'insignes révolutionnaires, une pendule astronomique et un buste de Montesquieu (salon de Compagnie). Depuis 2013, l'accent est mis sur le design, avec des expositions temporaires organisées dans l'ancienne prison, à l'arrière de l'hôtel. À la fin de la visite, on apprécie le petit café-restaurant, surtout en été avec la terrasse dans la cour pavée. (📞 05 56 10 14 00 ; www.madd-bordeaux.fr ; 39 rue Bouffard ; tarif plein/réduit 5/3 €, gratuit - 18 ans et 1er dim du mois sept-juin ; 🕐 tlj sauf mar et jours fériés 11h-18h ; 🚋 B Gambetta)

Musée d'Aquitaine — MUSÉE

 Plan D8

Ce musée vous en apprendra plus sur Bordeaux et sa région que n'importe quel livre d'histoire. Ses nombreuses salles thématiques retracent le passé de la ville, de la préhistoire à nos jours. Plusieurs pièces archéologiques évoquent l'antique Burdigala. Le Moyen Âge, marqué par la domination anglaise de 1154 à 1453, est largement illustré à l'aide de sculptures, de chapiteaux romans et de sarcophages, tandis que des meubles et céramiques témoignent de l'âge d'or bordelais, le XVIIIe siècle. Des espaces sont consacrés à l'esclavage et au commerce triangulaire. La section dévolue au vignoble constitue une excellente introduction pour les néophytes. Les salles ethnographiques présentent les traditions régionales, ainsi que des sociétés d'Océanie et d'Afrique. Expositions temporaires également. (📞 05 56 01 51 00 ; www.musee-aquitaine-bordeaux.fr ; 20 cours Pasteur ; tarif plein/réduit 5/3 €, gratuit - 18 ans et le 1er dim du mois sept-juin ; 🕐 tlj 11h-18h sauf lun et jours fériés ; 🚋 B Musée-d'Aquitaine)

Centre Jean-Moulin — HISTOIRE DE LA RÉSISTANCE

 Plan C7

On doit sans surprise à Jacques Chaban-Delmas la création, en 1967, de ce musée et centre de documentation à vocation pédagogique entièrement dévolu à la Résistance et aux Forces françaises libres : de nombreux tableaux, affiches et lettres provenant de correspondances clandestines font revivre cette époque. Durant sa fermeture pour travaux, jusqu'en 2022, le musée d'Aquitaine (p. 60) devrait accueillir une partie de la collection. (📞 05 56 10 19 90 ; place Jean-Moulin ; gratuit ; 🕐 fermé pour travaux ; 🚋 A ou B Hôtel-de-Ville)

Espace 29 — ESPACE ARTISTIQUE

 Plan A6

Véritable plaque tournante de la création contemporaine, l'Espace 29 organise de nombreuses expositions, propose des résidences d'artistes et

> **100% bordelais**
> ### La borne du kilomètre 0
> Aujourd'hui plutôt discrète, cette borne marquait au XIXe siècle le centre de la ville à partir duquel étaient calculées les distances – aujourd'hui, les mairies et hôtels de ville sont les points de référence. La façade de l'immeuble sur lequel elle s'appuie et la borne sont classées au titre des Monuments historiques. (240 👁 Plan C6 ; 10 place Gambetta)

Chez Plume (p. 62), tout est aussi beau que bon

réserve son étage à des ateliers privés. (📞 05 56 51 18 09 ; www.espace29.com ; 29 rue Fernand-Marin ; gratuit ; ⏰ mer-sam 14h-18h pendant expos ; 🚇 A Mériadeck)

Se restaurer
Wok Way
CHINOIS €

69 Plan D9

Plats au wok (tofu, poireaux et porc, chou sauté, bœuf au cumin), raviolis, nouilles sautées ou en soupe : tout est préparé ici sous vos yeux, dans la cuisine ouverte. La qualité et l'accueil sont au rendez-vous dans cette bonne adresse familiale. Sur place ou à emporter. (📞 05 56 74 94 62 ; wokwaybordeaux.fr ; 12 rue Paul-Louis-Lalande ; ⏰ mar-dim 12h-14h30 et 19h-22h30 ; 🚇 B Musée-d'Aquitaine)

🟠 100% bordelais
Le tribunal de grande instance
Tout près de l'École nationale de la magistrature, haute institution bordelaise, cette curiosité architecturale, qui alimente régulièrement la chronique de ses déboires, vaut le coup d'œil : conçu par le Britannique Richard Rogers, le "nouveau" tribunal de grande instance attire le regard, avec son jeu de transparence et ses sept salles d'audience en alignement, à la forme arrondie. Pour certains, il évoque des ruches, pour d'autres un verre de vin renversé ou des coques en bois. (**241** 🎯 Plan B8 ; rue des Frères-Bonie).

Edmond Pure Burger BURGERS €

70 Plan D9

L'un des meilleurs burgers de la ville ! Les pains sont faits maison, tout comme le ketchup. En accompagnement, frites persillades ou salade. Le tout pour une note assez légère. (☎ 05 56 77 59 45 ; www.edmondpureburger.fr ; 158 cours Victor-Hugo ; ⏰lun-ven 12h-14h30 et 19h-22h30, sam 12h-15h et 19h-23h ; 🚌 B Musée-d'Aquitaine)

Plume COFFEE-SHOP ET CUISINE DE SAISON €€

71 Plan D7

Avant de prendre place à l'une des tables en bois de ce chaleureux café, tendez l'oreille pour entendre les propositions du jour. Vous pouvez aussi tout simplement céder au plat qui vous fait de l'œil : pâtes, planches, soupes, salades, burger, tout est gourmand, frais et fait maison. Au dessert, le *carrot cake* est épatant ! Superbe brunch le week-end, avec œufs brouillés au bacon, scones aux canneberges, légumes frais, fromage de brebis, pain maison, fruits de saison, muffins au citron et un granola fameux. (☎ 09 81 18 69 55, livraison 05 56 52 29 73 ; www.plume.coffee ; 32 rue de Cheverus ; ⏰lun-sam 10h-20h, dim 10h-15h ; 🚌 A ou B Hôtel-de-Ville)

Le Palatium BRASSERIE €€

72 Plan D9

Il n'est pas toujours aisé de trouver une table libre au Palatium. C'est que cette petite brasserie située à l'angle du cours Victor-Hugo et du cours Pasteur s'est taillée une solide réputation, en particulier pour ses viandes grillées (entrecôte, onglet, côtelette d'agneau) accompagnées de copieuses portions de frites ou de légumes. (☎ 05 56 91 47 47 ; www.lepalatium.com ; 22 cours Pasteur ; ⏰lun-mar 12h-15h et 19h30-minuit, mer-dim 12h-minuit en continu ; 🚌 B Musée-d'Aquitaine)

Côté rue CUISINE CRÉATIVE €€€

73 Plan D9

Passé notamment chez Anne-Sophie Pic à Valence, Rudy Ballin fait partie des jeunes chefs à suivre. Ses assiettes sont de véritables compositions, que l'on découvre le soir (sur réservation) au rythme d'un menu dégustation

The Connemara Irish Pub (p. 64)

(61 €) en 5 temps, où l'œuf de poule parmesan châtaigne fait presque figure de classique. Formule allégée le midi, autour de 3 ou 4 plats (menus 35-45 €). Belle salle classico-contemporaine et longue cuisine ouverte aux regards forcément curieux. (📞 05 56 49 06 49 ; www.cote-rue-bordeaux.fr ; 14 rue Paul-Louis-Lalande ; ⏰ mar-ven 12h-14h30 et 19h30-21h30, sam 19h30-21h30 ; 🚍 B Musée-d'Aquitaine)

CPP Ristorante   ITALIEN €€

 Plan D9

Un restaurant italien tout en sobriété, pour changer des pizzerias traditionnelles, grâce à un large choix de plats typiques et à une carte qui ne brusque pas le porte-monnaie. Gardez une petite place pour la délicieuse pannacotta. Et, en sortant, inscrivez un petit mot sur le mur des toilettes ! (📞 05 56 92 56 22 ; www.cpp-bordeaux.fr ; 160 cours Victor-Hugo ; ⏰ lun-dim 12h-14h30 et 19h-23h ; 🚍 B Musée-d'Aquitaine)

Jamon Jamon   IBÉRIQUE €€

75 Plan D5

Tout juste arrivé, un problème se pose… Que choisir ? Tortilla, piquillos, ou *pintxos* ? Sangria ou *vino tinto* ? Et pourquoi pas le menu du jour ? Jamon Jamon c'est aussi une épicerie – pour rapporter chez soi un peu de saveur ibérique –, des concerts et des spectacles de flamenco. On comprend pourquoi le lieu est souvent plein à craquer. Réservez ! (📞 05 56 52 97 75 ; www.jamon-jamon.fr ; 2 rue Louis-Combes ; ⏰ lun-sam 10h-1h, dim 10h-18h ; 🚍 B Grand-Théâtre)

> **100% bordelais**
> ## La glycine de la rue du Loup
> Au printemps, si vous passez devant le porche des anciennes archives municipales, vous pourrez l'admirer en pleine floraison. Une photo de 1894 la montre à un stade déjà bien développé, ce qui ne la rajeunit pas. Attaquée par les termites pendant un temps, elle fait aujourd'hui l'objet de soins réguliers. Sa vitalité viendrait en partie du sol marécageux de Bordeaux. (**246** Plan D7 ; 71 rue du Loup ; 🚍 B Gambetta)

Mona   SALON DE THÉ €€

 Plan C6

Certes, l'endroit n'est pas très facile d'accès et est plutôt exigu, mais quel bonheur. Des tartes, des petits plats merveilleusement préparés, et des suggestions renouvelées chaque jour. En vitrine, de gros gâteaux prêts à être coupés font de l'œil aux clients. Le gâteau à l'orange sans gluten est une réussite, tout comme le cupcake au beurre de cacahuète. Le tout dans une déco scandinave très chaleureuse. (📞 05 57 83 61 69 ; 20 rue de la Vieille-Tour ; ⏰ mar-sam 9h-19h, dim 11h-16h ; 🚍 B Gambetta)

English Country Kitchen   BRITISH €

 Plan B5

C'est dans une déco cosy, à la fois vintage et design, que vous dégusterez

100% bordelais
Des pubs so british

Est-ce un héritage de la présence prolongée des Anglais en Aquitaine par le passé ? Bordeaux compte plus d'une douzaine de pubs, répartis dans toute la ville, des Chartrons à Saint-Pierre, en passant par la Victoire et Pey-Berland.

Dick Turpin's (242 Plan D7 ; 05 56 48 07 52 ; 72 rue du Loup ; lun-sam 16h-2h, dim 18h-minuit ; A ou B Hôtel-de-Ville). Convivial et authentique, ce pub fait la joie des étudiants, étrangers notamment, qui aiment se donner rendez-vous autour d'une pinte ou d'un irish-coffee. Ambiance paisible en journée, bruyante le soir. On y est alors un peu plus à l'étroit, mais c'est pour ça qu'on l'aime ! Petite terrasse en été.

The Connemara Irish Pub (243 Plan B7 ; 05 56 52 82 57 ; www.connemara-pub.com ; 18 cours d'Albret ; lun-dim 11h30-2h ; A Mériadeck). Le rendez-vous des anglophones bordelais, qui se retrouvent ici pour manger ou boire un verre – large choix de bières internationales. The Connemara est doté de six salles, d'écrans géants et d'un billard. Concerts de musique irlandaise certains soirs.

The Cock and Bull (244 Plan D8 ; 05 56 81 64 72 ; 23 rue Duffour-Dubergier ; lun-ven 11h30-2h, sam-dim 12h-2h ; A ou B Hôtel-de-Ville). Derrière une façade bleue, deux salles aux plafonds tapissés de drapeaux de clubs. Les matchs de foot et de rugby sont retransmis sur grand écran et des quiz sont organisés régulièrement.

The Blarney Stone (245 Plan E9 ; 05 56 31 87 20 ; 144 cours Victor-Hugo ; lun-dim 11h-2h ; B Musée-d'Aquitaine). Au Blarney, on se sent comme à la maison. On enchaîne les pintes et les cheeseburgers, entre une partie de fléchettes ou un peu de lecture, bien calé sur un petit banc en bois.

tourtes, salades de saison, hachis parmentier et tartes sucrées *home made*, dans de jolies assiettes, vieillottes et très anglaises. Pour le *tea time*, les incontournables scones accompagnent un thé servi dans une jolie théière. Les prix sont très raisonnables et c'est délicieux. Aussi, pourquoi ne pas revenir pour le brunch du week-end ? Un coin est réservé aux enfants. (05 56 52 81 70 ; www.englishcountrykitchen.fr ; 4 rue Castelnau-d'Auros ; lun 12h-18h, mar-sam 12h-22h, dim 11h-18h ; B Gambetta)

Le Bistro du Sommelier

SUD-OUEST €€

Hors plan A6

Cette enclave de bons vivants se prête peu à un tête-à-tête en amoureux et davantage aux grandes tablées amicales et familiales. Au programme ici : des assiettes copieuses, une cuisine traditionnelle (huîtres, grenier médocain, tricandilles, confit de canard, boudin basque, ventre de veau à l'ancienne, etc.), un service efficace et souriant, et du vin, bien sûr, pour accompagner le tout (belle cave). Bref, une adresse typiquement bordelaise qui a son charme. (📞05 56 91 71 78 ; www.bistrodusommelier.com ; 63 rue Georges-Bonnac ; ⏰lun-ven 12h-14h30 et 19h45-23h, sam 19h45-23h ; 🚌B Gambetta)

L'Autre Salon de Thé   PAUSE SUCRÉE €€

78 Plan C6

Un drôle d'endroit : la déco et l'accueil ne sont pas tout à fait convaincants, mais on craque pour les desserts, présentés sur un buffet. On peut aussi y déjeuner. (📞05 56 48 55 43 ; 11 rue des Remparts ; ⏰lun-dim 12h-22h, repas 12h-15h et 19h-22h ; 🚌B Gambetta)

traditionnelle compose un cadre chaleureux, pour un chocolat chaud au cœur de l'hiver. (📞05 56 52 96 69 ; www.le-cafe-francais.com ; 5 place Pey-Berland ; ⏰lun-dim 8h-1h ; 🚌A ou B Hôtel-de-Ville)

Black List   BAR À CAFÉ

81 Plan D8

Jus de fruits bio, cappuccinos au lait d'amande ou au lait cru, cafés grands crus issus de l'Alchimiste ou de la Brûlerie de Belleville, thés bio et douceurs sucrées. Ce lieu calme et agréable est idéal pour une pause avant de filer au bureau. Et pour le midi, sandwichs variés. (📞05 56 81 56 76 ; 27 place Pey-Berland ; ⏰lun-ven 8h-18h, sam 9h30-18h ; 🚌A ou B Hôtel-de-Ville)

Prendre un verre
Le Bistro de la Porte   CAFÉ

79 Plan C6

La grande terrasse au pied de la porte Dijeaux invite à une petite pause après le shopping. Belle carte des vins, cocktails et jus de fruits maison. Et, pour les petites faims, des produits frais et bien travaillés. (📞05 64 28 58 83 ; www.bistrodelaporte.fr ; 14 place Gambetta ; ⏰lun-dim 7h-2h ; 🚌B Gambetta)

Le Café Français   CAFÉ

80 Plan C7

Sa terrasse, particulièrement appréciée en été, se niche entre le palais Rohan et la cathédrale Saint-André : sans surprise, la vue est… magnifique ! À l'intérieur, le décor de brasserie

La terrasse du Café Français

Le Flacon   BAR À VINS

 Plan D7

Voici un bar à vins où l'on peut aussi déguster des tapas. Il n'y a que quelques tables, ce qui donne au lieu une note intimiste, et la cuisine ouverte apporte ce qu'il faut de convivialité. Au mur, sur de petites ardoises, une large sélection de vins. Demandez conseil ! (☎09 81 86 43 43 ; 43 rue de Cheverus ; ⊙lun-sam 18h-2h ; 🚋A ou B Hôtel-de-Ville)

Sortir

Théâtre Fémina   SPECTACLE VIVANT

 Plan D6

À l'origine, en 1921, le Fémina était une salle de spectacle et de théâtre. Puis elle devint, au début des années 1940, l'un des grands cinémas de Bordeaux. Ce lieu magnifique, où se mêlent les styles Art nouveau et Louis XVI, a recouvré sa fonction première dans les années 1970. Il est désormais dédié à la danse, aux concerts, à l'opérette et au théâtre. (☎05 56 48 26 26 ; www.theatrefemina.fr ; 10 rue de Grassi ; 🚋B Grand-Théâtre)

Mama Shelter   ROOFTOP

L'œuvre du combo Trigano/Starck : un resto branché, des chambres d'hôtel ultradesign et un *roof top* surplombant les toits de la ville, pour boire un verre avec vue (panoramique). Côté déco, certains trouveront les bouées multicolores un peu trop régressives. Elles se marient pourtant bien avec les masques de cartoons à disposition des clients. Les soirées ont tendance à se prolonger, avec des DJ sets régulièrement programmés (surtout du jeudi au samedi). (☎05 57 30 45 45 ; www.mamashelter.com ; 19 rue Poquelin-Molière ; ⊙lun-sam 12h-1h30, dim 12h-0h30 ; 🚋B Gambetta)

Le Fiacre   BAR ET CONCERTS

 Plan D7

Le Fiacre est *la* place rock historique de Bordeaux, et on ne compte plus les groupes qui s'y sont produits au cours des dernières décennies. Ce lieu emblématique existe sous ce nom depuis 1870. Son immeuble est classé Monument historique. (☎05 56 44 28 04 ; 42 rue de Cheverus ; ⊙ lun-sam jusqu'à 2h ; 🚋A ou B Hôtel-de-Ville)

UGC Ciné Cité Bordeaux   CINÉMA

Dix-huit salles dans le centre-ville et les dernières sorties en VO. (www.ugc.fr ; 13-15 rue Georges-Bonnac ; 🚋B Gambetta)

Stade Chaban-Delmas   RUGBY

 Hors plan A8

Si les Girondins de Bordeaux jouent désormais au nouveau stade, l'équipe de rugby de l'Union Bordeaux-Bègles (UBB) a pris ses quartiers à Chaban-Delmas. Les matchs attirent de nombreux spectateurs. (www.ubbrugby.com ; place Johnston ; 🚋A Chaban-Delmas)

L'English Country Kitchen (p. 63)

Shopping
Baillardran
CANNELÉS

87 Plan C6

Il existe de nombreuses boutiques de cannelés Baillardran, reconnaissables à leur décorum rouge vif (jusqu'aux chaises, où l'on peut s'installer pour une pause café-cannelé). Près de Gambetta, vous pouvez choisir cette adresse. Et pour un cours de cannelé (sucré et salé), rendez-vous de l'autre côté de la place, au n°36. (www.baillardran.com ; 111 rue de la Porte-Dijeaux ; cours 76 €/pers ; ☉lun-sam 8h-19h30, dim 10h-19h30 ; 🚇B Gambetta)

Librairie Mollat
INSTITUTION

88 Plan C6

Installée à Bordeaux depuis 1896, la première librairie indépendante de France possède un fonds étourdissant. On y passe volontiers de longs moments, à parcourir les quatrièmes de couverture. Des rencontres littéraires et artistiques sont régulièrement organisées dans un nouvel espace à la station Ausone, au 8 rue de la Vieille-Tour. (📞05 56 56 40 40 ; www.mollat.com ; 15 rue Vital-Carles ; ☉lun-sam 9h30-19h30 et 1er dim du mois 14h-18h ; 🚇B Gambetta)

Hasnaâ
CHOCOLATS

89 Plan C6

La chocolatière de l'année 2017 ? C'est elle, Hasnaâ Ferreira, qui annonce fièrement ce titre en lettres délicates à la devanture de son élégante boutique du centre-ville. Sa gamme de chocolats grands crus ne cesse de s'élargir. Un talent à suivre, assurément. (📞05 56 81 11 40 ; www.hasnaa-chocolats.fr ; 4 rue de la Vieille-Tour ; ☉lun-sam 10h-19h30 ; 🚇B Gambetta)

Dunes Blanches
CHOUX CHANTILLY

90 Plan C6

Avant, il fallait attendre une escapade au Cap-Ferret pour les fameuses dunes blanches de la boulangerie Chez Pascal. Désormais, ce petit choux fourré de chantilly, au goût de vacances, a pignon sur rue à Bordeaux, dans une boutique monoproduit. (📞09 83 97 78 78 ;

boulangerie-chezpascal.com ; 7 bis rue de la Vieille-Tour ; ⌚lun 11h-19h30, mar-sam 10h-19h30, dim 10h-13h ; 🚊B Gambetta)

Herbes Fauves   FLEURS
91 Plan D7

En entrant dans cette boutique à la jolie déco rétro, on est immédiatement transporté parmi les senteurs, couleurs, matières et fleurs, tellement séduisantes. Des terrariums maison, aux cache-pots faits à partir de partitions de musique, rien n'est laissé au hasard. Le charme opère. (📞05 56 52 86 85 ; www.herbesfauves.com ; 36 rue de Cheverus ; ⌚mar-sam 10h30-19h30 ; 🚊A ou B Hôtel-de-Ville)

DODA   BOUTIQUE DESIGN ET GALERIE D'ART
92 Plan A5

Mobilier, luminaires, objets de déco… Les amateurs de design des années 1950-1960 seront conquis par la belle sélection de cette boutique-galerie, où l'art contemporain a aussi sa place à l'occasion d'expositions régulières. (📞05 56 12 32 79 ; www.galerie-doda.fr ; 72 rue Judaïque ; ⌚lun-sam 11h-13h et 14h-19h30 ; 🚊A Mériadeck, 🚊B Gambetta)

Perlin Paon Paon   CONCEPT STORE POUR ENFANTS
93 Plan C6

Petits et grands se laissent tendrement tenter par cette jolie boutique, un concept store pour enfants, poétique et ludique. On y retrouve les marques les plus tendance, comme Bloomingville ou Ferm Living, pour jouer, s'habiller, se reposer, décorer. Ici, les jeunes parents se font sacrément plaisir. (📞05 56 69 14 37 ; www.perlinpaonpaon.com ; 45 rue des Remparts ; ⌚mar-ven 10h30-13h30 et 14h30-19h, sam 10h30-19h ; 🚊B Gambetta)

La Droguerie Pey-Berland   BRIC-À-BRAC
94 Plan D7

Ce magasin, une histoire de famille depuis 1923, est un vrai petit bazar. Produits d'entretien, bijoux, chapeaux, paniers en osier… Même sans savoir ce que l'on cherche, on trouve forcément. Les yeux grands ouverts, on retombe en enfance – avez-vous vu l'eau de Cologne Bouquet d'or de Thibeault ? (📞09 81 12 19 57 ; 28 rue des Trois-Conils ; ⌚mar-sam 11h-12h et 13h-19h ; 🚊A ou B Hôtel-de-Ville)

Viandas de Salamanca   JAMBON IBÉRIQUE
95 Plan D7

Amateurs de charcuterie espagnole, voici la boutique rêvée pour composer vos paniers pique-nique ou plateaux apéro : jambon bellota, chorizo, lomo, saucisson de bellota et autres spécialités de la région de Salamanque sont vendus à la découpe, sous vide. Et pour les plus pressés : sandwich ibérique (4,90 €) ou cornet ! (📞05 57 99 15 41 ; 37 rue des Trois-Conils ; ⌚lun-sam 10h30-19h30, dim 10h30-14h ; 🚊A ou B Hôtel-de-Ville)

Sports et activités

Perlin Paon Paon, le paradis des enfants

Freep'Show Vintage — FRIPERIE

96 Plan D7

Si vous avez l'esprit vintage et que vous aimez farfouiller, pour un total look ou une simple touche décalée, ces vêtements et accessoires n'attendent que vous. (📞 07 82 59 36 84 ; www.freepshow.com ; 80 rue du Loup ; ⊙ mer-sam 11h-19h ; 🚋 A ou B Hôtel-de-Ville)

Sports et activités

Patinoire — GLISSE

 Hors plan A8

Envie de glisse ? Direction la patinoire de Mériadeck et sa piste olympique, ouvertes à tous. Pour les fêtes de fin d'année, la mairie de Bordeaux met généralement en place un tarif réduit. (📞 05 57 81 43 81 ; www.axelvega.com ; 95 cours du Maréchal-Juin ; entrée + location des patins tarif plein/réduit 7,90/6,30 €, gratuit - 5 ans ; ⊙ selon spectacle et période, consultez le site Web ; 🚋 A Hôtel-de-Police)

Bowling de Mériadeck — VIVEMENT LA QUILLE

 Hors plan A8

Une bonne idée pour terminer une soirée entre amis ou passer un après-midi en famille. Avec 16 pistes, mais aussi des billards et divers jeux, le bowling reste une alternative au cinéma. (📞 05 57 81 43 77 ; www.axelvega.com/bowling/fr ; terrasse du Général-Koenig ; ⊙ lun-mer 14h-minuit, jeu 14h-2h, ven-sam 14h-3h, dim 14h-20h, jusqu'à 2h lun-mer pendant les vacances scolaires ; 🚋 A Saint-Bruno-Hôtel-de-Région)

Explorer

Le quartier de la Grosse Cloche

Délimité au nord par le cours Alsace-Lorraine et au sud par le cours Victor-Hugo, ce quartier est l'un des plus attachants du vieux Bordeaux. À l'écart des foules de la rue Sainte-Catherine, cafés bohème et lieux alternatifs s'épanouissent sur de jolies places et des ruelles pavées, bordées de demeures Renaissance, auxquelles des opérations de réhabilitation ont donné une nouvelle jeunesse.

Explorer

L'essentiel en un jour

☀️ Faites votre entrée au cœur du quartier par la **Grosse Cloche** (p. 72), qui était au XIIIe siècle la principale porte des remparts. Arpentez la **rue Saint-James et ses commerces** (p. 73). Juste avant la place Fernand-Lafargue, arrêtez-vous au **Saint-Christophe** (p. 78) pour un café dans un vrai petit bar de quartier. Flânez dans le dédale de ruelles alentour. Puis rendez-vous au 5 impasse de la Rue-Neuve, pour découvrir **la plus vieille maison de Bordeaux** (p. 73).

☀️ Au déjeuner, installez-vous au **Kokomo** (p. 75) pour une pause burger. L'après-midi, poussez la porte de l'étonnante maison d'édition **N'a qu'1 œil** (p. 80). En vous promenant dans le quartier, vous découvrirez que de nombreux artistes y ont installé leur atelier.

🌙 Commencez la soirée par un apéritif en terrasse à l'**Apollo** (p. 77), si le temps le permet, puis savourez un dîner épicé au **Santosha** (p. 76). Pour les couche-tard, un dernier verre au **Capharnaüm** (p. 78) s'impose.

 100% bordelais

Itinéraire Renaissance dans le quartier de la Grosse Cloche (p. 72)

 Le meilleur du quartier

Shopping
N'a qu'1 œil (p. 80)

Japan Market (p. 80)

Apache Bijoux (p. 81)

Afternoon tea
L'Oiseau Cabosse (p. 76)

Books & Coffee (p. 77)

Tata Yoyo (p. 77)

Vie nocturne
Le Capharnaüm (p. 78)

La Vie Moderne (p. 78)

Comment y aller

🚊 **Tramway** A station Place-du-Palais, C station Porte-de-Bourgogne

Le quartier de la Grosse Cloche

100% bordelais
Itinéraire Renaissance dans le quartier de la Grosse Cloche

Les étroites ruelles pavées du quartier et ses belles demeures anciennes, datant pour la plupart de la Renaissance, offrent un contraste séduisant avec l'urbanisme rectiligne du siècle des Lumières qui caractérise le secteur de l'esplanade des Quinconces.

❶ **L'ancienne place du Marché**
La promenade commence **place Fernand-Lafargue**, où se tenait au Moyen Âge le grand marché de la ville. Plusieurs terrasses de cafés donnent sur ce bel espace aux allures de place de village, doté d'une jolie fontaine.

❷ La rue Saint-James

Continuez tout droit par la désormais très branchée rue Saint-James, une agréable voie piétonne jalonnée de boutiques tendance ; remarquez la belle porte sculptée au n°16 et la maison Renaissance aux fenêtres à meneaux, au n°18. Un peu plus haut, au coin de la **rue Pierre-de-Coubertin**, au-dessus du porche d'une boutique en arcades, on trouve l'ancienne habitation de La Boétie. La rue mène ensuite à la fameuse **Grosse Cloche** (p. 72), dont les plus pressés pourront franchir la porte pour rejoindre le quartier Saint-Michel par le cours Victor-Hugo.

❸ D'étroites ruelles

Pour continuer à flâner au fil des ruelles pavées du quartier, empruntez, au bout de la rue Saint-James, la **rue Teulère**, sur votre gauche ; continuez tout droit le long de la rue Renière, avant de bifurquer sur la gauche par la très jolie **rue du Puits-des-Cazeaux** qui, avant de déboucher sur la **place Raymond-Colom**, où se dresse un superbe hôtel particulier des XVIe-XVIIe siècles, donne sur deux charmantes venelles, les **rues du Muguet et du Soleil**.

❹ Des anciennes sécheries à la demeure de Montaigne

Une fois dans la **rue de la Rousselle**, où l'on trouvait autrefois de nombreuses sécheries de poissons, prenez sur la gauche pour contempler, aux n^{os}23-25, au coin de **l'impasse Fauré**, l'ancienne demeure de Montaigne.

❺ La plus vieille maison de Bordeaux

Au bout de la rue, remontez la **rue Neuve**, sur votre gauche, jusqu'à l'**impasse de la Rue-Neuve**, que vous trouverez sur votre droite et au fond de laquelle se cachent deux joyaux architecturaux : la plus ancienne demeure de Bordeaux (XIIIe siècle), que vous reconnaîtrez à ses deux fenêtres gothiques remarquablement ouvragées ; et une maison du XVIe siècle à arcades et galerie, qui appartint à Jeanne de Lartigue, l'épouse de Montesquieu.

❻ Un coin de verdure

En ressortant de l'impasse, remontez la rue Neuve pour atteindre le **square Jean-Bureau**, bordé d'hôtels du XVIe siècle. En haut de la rue, empruntez à droite la rue Renière, puis à gauche la **rue des Boucheries** pour rejoindre le **cours Victor-Hugo**.

Le quartier de la Grosse Cloche

Voir

Grosse Cloche PORTE DE VILLE

 Plan E9

La Grosse Cloche vue depuis la rue Saint-James

Ce que l'on appelle la Grosse Cloche est le dernier vestige des remparts érigés au XIIIe siècle pour protéger le quartier. Cet imposant monument composé de deux tours massives encadrant la fameuse cloche et surmontées d'un léopard doré faisait également office de beffroi de l'hôtel de ville, autrefois situé non loin de là. La Grosse Cloche, qui ne comptait pas moins de six tours à l'époque de sa construction, s'est imposée comme l'un des symboles de la ville, au point de figurer au centre de son blason (que l'on peut d'ailleurs voir sur sa face nord). La cloche sonne chaque premier dimanche du mois, à midi, et six fois par an à 11h (les 1er janvier, 1er mai, 8 mai, 14 juillet, 28 août et 11 novembre), produisant un son solennel riche en infrabasses qui fait vibrer toutes les vitres du quartier. (05 56 48 04 24 ; angle rue Saint-James et rue de Guienne ; 5 € ; lun-dim 14h-17h juin-sept, sam sur réservation auprès de l'office du tourisme le reste de l'année ; A ou C Porte-de-Bourgogne, B Musée-d'Aquitaine)

Église Saint-Éloi ÉGLISE

 Plan E9

Simple chapelle romane au XIIe siècle, l'église Saint-Éloi fut agrandie et remaniée dans le style gothique au XIIIe siècle, et adossée au rempart construit à cette époque. Son clocher (que l'on peut voir depuis l'étroite rue Saint-Éloi) et son abside furent édifiés entre le XIVe et le XVIe siècle. Remarquable sur le plan architectural, l'édifice est au centre d'une polémique depuis sa réouverture en 2002, la mairie ayant confié sa rénovation à une association réputée proche des catholiques intégristes. (rue Saint-James ; A ou C Porte-de-Bourgogne, B Musée-d'Aquitaine)

Église Saint-Paul-Saint-François-Xavier ÉGLISE

 Plan E8

Communément appelée Saint-Paul, cette église dominicaine de style baroque consacrée en 1676 fut édifiée sur l'emplacement d'une ancienne maison professe de jésuites. On y entre pour admirer sa richesse décorative et surtout le magnifique lustre de l'artiste bordelais Jean-François Buisson, œuvre monumentale réalisée en 2007 (p. 116). Réellement à voir. (📞05 56 00 66 00 ; 20 rue des Ayres ; 🕐lun-dim 10h-12h45 et 14h30-19h30, visites guidées 1er dim du mois 14h-17h30, 📞05 57 85 59 59 ; 🚌A Sainte-Catherine)

> **100% bordelais**
>
> **Des fondations bien cachées**
>
> La **Grosse Cloche** ou porte Saint-Éloi était à la fois une porte défensive et le beffroi de l'ancien hôtel de ville. Ce beffroi disposait de six tours. La base de l'une d'elles est toujours visible au fond du magasin de bricolage à l'angle du cours Victor-Hugo.

Se restaurer

Breakfast Club SO BRITISH €

Petit-déjeuner à l'anglaise, sandwichs BLT, œufs Bénédicte, brunch le week-end et petits délices pour l'heure du thé. Crumpets, scones, *carrot cake* ou *baked beans*, bienvenue en Angleterre. (📞09 80 48 48 19 ; cargocollective.com/thebreakfastclub ; 27 rue des Ayres ; 🕐mar-sam 10h-18h, dim 10h-17h ; 🚌A Sainte-Catherine)

Padang Padang ASIATIQUE €
101 Plan F8

Un lieu agréable, qui ne brusque pas le porte-monnaie. Aux beaux jours, installez-vous sur la terrasse, pour déguster au calme un *pad thaï* parfumé ou un savoureux poulet au curry, accompagnés d'une Bintang (la célèbre bière indonésienne). (📞09 54 13 21 34 ; www.padang-padang.com ; 37 rue Sainte-Colombe ; 🕐lun-dim 12h-15h et 19h-23h ; 🚌A Place-du-Palais)

Kokomo BURGERS €

Une cantine américaine incontournable, où vous savourerez votre burger avec pain bio, bœuf blond d'Aquitaine et cheddar affiné dans un décor californien. Un sandwich généreux, à accompagner de frites croustillantes, de citronnade maison et d'un délicieux brownie ! (📞05 57 77 07 24 ; 12 place Fernand-Lafargue ; 🕐lun-dim 12h-23h ; 🚌A Sainte-Catherine)

Café Kokomo COFFEE-SHOP CALIFORNIEN €

Annexe du Kokomo, on y vient pour les jus pressés, ou simplement pour un café dans une déco vintage aux couleurs acidulées. Mais aussi (surtout) pour le brunch à la mode californienne (10h-16h), avec un copieux *avocado toast*, et pour les bons *bowls* et burritos, servis le midi du lundi au samedi.

La terrasse de L'Oiseau Cabosse

(📞 05 57 34 48 69 ; 14 rue Ravez ; ⊙ lun-sam 10h-19h, dim 10h-16h ; 🚊 A Sainte-Catherine)

L'Oiseau Cabosse TENDANCE BIO €€

104 Plan F8

En entrant, des odeurs de tartes et autres gourmandises n'annoncent que du bon. Promesse tenue : des produits essentiellement bio, du fait maison et du goût. Le midi, jusqu'à 15h, on opte pour une petite ou une grande assiette – si l'on veut goûter à deux propositions du jour : une bonne idée, car on a souvent du mal à choisir ! Velouté, risotto au potimarron, camembert rôti, dahl de lentilles, etc. La carte est régulièrement renouvelée. Le dimanche, on adore le brunch simple et efficace (muffin œuf-bacon, pancake, jus de fruits frais…). Et au goûter, on craque pour le thé et les chocolats (maison, bien entendu). (📞 05 57 14 02 07 ; 30 rue Sainte-Colombe ; ⊙ mar-sam 10h-19h, dim 11h-18h ; 🚊 A Place-du-Palais)

Santosha ASIATIQUE €€

105 Plan E8

Ici, on goûte les saveurs de l'Asie du Sud-Est, avec notamment un délicieux *pad thaï*, réalisé dans les règles de l'art (nouilles, crevettes, viande, légumes…). Mais attention : les mets, plutôt relevés, peuvent heurter les palais les plus sensibles. Quelques propositions intéressantes pour les végétariens, comme le *bon-he* (légumes, riz blanc, tofu). Le tout dans une ambiance de fast-food revisitée. (📞 09 66 81 76 56 ; 2 place Fernand-Lafargue ; ⊙ lun-jeu 12h-16h et 19h-23h, ven 12h-16h et 19h-23h30, sam 12h-16h30 et 19h-23h30, dim 12h-16h30 et 19h-23h ; 🚊 A Sainte-Catherine)

Sweeney Todd's SO BRITISH €€

106 Plan G8

Ce minuscule pub très prisé propose le week-end un *english breakfast* digne de ce nom (œufs sur le plat, tomate au four, toasts, haricots blancs…) et, pour les végétariens, des saucisses véganes. En semaine, c'est burgers maison et *fish and chips* de taille démesurée, à déguster autour d'une pinte de Sweeney's Lager devant un match. (📞 05 56 48 21 13 ; 2 cours d'Alsace-et-Lorraine ;

⊙mar-sam 12h-2h, dim 12h-minuit, lun 18h-2h ; 🚋A Place-du-Palais, C Porte-de-Bourgogne)

Le Café des Arts   BRASSERIE €€
 Plan E9

Idéalement située près du lycée Montaigne, cette brasserie semble tout droit sortie des années 1950, avec ses banquettes en Skaï rouge, son grand bar et ses fauteuils en osier. Depuis des décennies, on vient y déguster des plats simples (soupe à l'oignon, huîtres, onglet…). La terrasse, qui donne sur le cours Victor-Hugo, est un peu bruyante. (📞05 56 91 78 46 ; www.lecafedesarts.fr ; 138 cours Victor-Hugo ; ⊙lun-sam 8h-1h30, dim 9h-1h30 ; 🚋B Musée-d'Aquitaine)

Prendre un verre
Books & Coffee   CAFÉ
 Plan E8

Ici, en feuilletant les quelques livres mis à disposition, on boit un thé ou un jus de fruits, ou encore un café aux arômes étonnants, comme le Honduras Marcala-Uluma (orange, ananas et pêche). Et pour les petites (et grosses) faims, lunch et brunch au programme… On se sent chez soi. (📞05 56 81 47 41 ; 26 rue Saint-James ; ⊙lun 14h-19h, mar-sam 9h-19h, dim 11h-19h ; 🚋A Sainte-Catherine)

Tata Yoyo   YOGHOURT GLACÉ ET SALON DE THÉ
  Plan E8

Ils ont fait leurs armes au Cap-Ferret, avant d'ouvrir ce salon de thé mouchoir de poche où l'on se presse, d'abord, pour les choux à la crème et les yoghourts glacés (à emporter également), avant de succomber aux cheesecakes, tartes et autres pâtisseries maison. Pause salée le midi et brunch le dimanche. (📞06 63 12 01 97 ; 53 rue Saint-James ; ⊙mar-sam 10h30-19h30, dim 10h30-18h ; 🚋A Sainte-Catherine)

L'Apollo   BAR
 Plan E8

En journée, l'Apollo est plutôt calme et on vient prendre un café au comptoir. Il s'anime à l'heure de l'apéro, autour du billard de la grande salle, ou sur la

Le Santosha

terrasse donnant sur la place Fernand-Lafargue. En soirée, l'ambiance monte encore d'un cran, notamment les soirs de matchs de rugby (diffusés sur grand écran) ou lors des concerts et vernissages organisés régulièrement. (☏05 56 01 25 05 ; www.apollobar.fr ; 19 place Fernand-Lafargue ; ☉lun-sam 11h30-1h30 ; 🚇A Sainte-Catherine)

L'Amirale Bière   BAR À BIÈRES
 Plan E8

Ici, vous trouverez forcément la bière qui vous ressemble : Bénédicte et Paul vous y aideront. Vous savourerez alors la perle rare parmi une soixantaine de bouteilles, tout en grignotant de bons produits. Et pour ne pas repartir les mains vides, la cave de l'établissement propose une sélection de 250 bières du monde entier. Un lieu de convivialité et de découverte. (☏09 83 87 46 00 ; www.lamiralebiere.fr ; 5 rue Saint-James ; ☉lun-mer 15h-20h, jeu-ven 11h-13h et 14h30-20h, sam 11h-20h ; 🚇A Sainte-Catherine)

Le Saint-Christophe   BAR DE QUARTIER
 Plan E8

Un bar de quartier, installé depuis 1930, comme on aimerait en voir plus souvent. On vient prendre un café, lire le journal ou bavarder avec des inconnus, assis à d'autres tables. Et, aux beaux jours, on profite de la petite terrasse. (☏05 56 44 52 08 ; 3 rue Saint-James ; ☉lun-sam 10h-21h ; 🚇A Sainte-Catherine)

Sortir

Le Capharnaüm   CONCERTS ET EXPOS
 Plan F8

Un bar atypique, avec du rock, mais pas seulement. Ici, on ne cible pas une clientèle précise : place à l'éclectisme culturel, avec concerts, expos, DJ sets et apéros. La déco est savamment pensée, chic et vintage, avec une pointe de kitsch par-ci, par-là. Quant à l'accueil, il est parfait. (☏05 56 30 62 13 ; 31 rue Bouquière ; ☉lun-dim 18h-2h ; 🚇A ou C Porte-de-Bourgogne)

La Vie Moderne   VINTAGE
 Plan E8

Un vieux juke-box, des tubes des années 1980 et une déco à la fois kitsch et vintage. La Vie Moderne est *le* lieu branché du quartier – ici, même le patron sort de l'ordinaire. Selon l'humeur, goûtez à l'ambiance *fifties* à l'étage, décoré de vieilles affiches de cinéma ; ou mêlez-vous à la foule autour du bar du rez-de-chaussée. (☏06 82 07 78 60 ; 72 cours d'Alsace-et-Lorraine ; ☉lun-sam 18h-2h ; 🚇A Place-du-Palais)

L'Athénée Libertaire   CONCERTS ET EXPOS
 Plan F8

Cet espace associatif et militant anarchiste, qui existe depuis les années 1960, est niché en plein cœur des venelles du vieux Bordeaux.

La terrasse du Saint-Christophe

Des expositions et des concerts y sont régulièrement organisés (consultez la programmation sur le site Internet). On trouve également une librairie sur place. (☏ 05 56 81 01 91 ; www.atheneelibertaire.net ; 7 rue du Muguet ; ⊙ librairie mer et sam 15h-19h et selon événements ; 🚋 A Place-du-Palais)

Théâtre des Salinières   COMÉDIE

116 Plan F8

Ce théâtre non subventionné affiche un dynamisme réjouissant. De nouvelles pièces y sont données chaque mois, avec un répertoire résolument tourné vers la comédie. (☏ 05 56 48 86 86 ; www.theatre-des-salinieres.com ; 4 rue Buhan ; 🚋 A Place-du-Palais)

Shopping
Bonendroi   BAZAR DES TEMPS MODERNES

117 Plan E8

Véritable bazar moderne, c'est l'endroit idéal pour dénicher des trésors. De l'objet chiné aux marques les plus tendance (déco, papeterie ou objets usuels), impossible d'en ressortir les mains vides. Vous serez séduit par le vaste espace de 200 m² et par le bar caché au fond du magasin (café, thé, limonade bio...). Une boutique est dédiée aux luminaires au n°18. (☏ 05 56 81 83 80 ; www.bonendroi.com ; 19 rue Saint-James ; ⊙ dim-mar 11h-13h et 14h-19h, mer-sam 11h-19h30 ; 🚋 A Sainte-Catherine)

N'a qu'1 œil
ÉDITION

118 Plan F8

Depuis 1996, cette association mène son petit bonhomme de chemin. Elle publie et vend ici des livres-objets, des ouvrages d'artistes, des titres uniques et ludiques. Des manifestations et divers ateliers – autour du livre, bien évidemment – sont régulièrement organisés. (☏05 56 51 19 77 ; www.naqu1oeil.com ; 19 rue Bouquière ; ⓘmar-sam 14h-19h ; 🚊A Place-du-Palais)

L'Ascenseur Végétal
LIBRAIRIE-GALERIE D'ART

119 🔒 Plan F8

N'hésitez pas à pousser la porte de ce petit espace à la déco vintage, pour découvrir la librairie spécialisée dans les ouvrages de photos – avec de nombreux livres d'artistes autopubliés ou d'éditeurs indépendants. Des expos photo y sont régulièrement présentées. (☏06 86 68 23 70 ; www.ascenseurvegetal.com ; 20 rue Bouquière ; ⓘmar-sam 11h-19h ; 🚊A Place-du-Palais)

Japan Market
ÉPICERIE JAPONAISE

120 🔒 Plan E8

La rue Saint-James reprend vie et le Japan Market n'y est pas pour rien. Dans cette épicerie 100% insolite, véritable temple kawaï, on trouve des Kit Kat cheesecake à déguster chaud, des Pocky Panda cookie & cream (les Mikado version Japon), mais aussi des ingrédients pour préparer de bonnes petites recettes, des légumes

Au Bonendroi (p. 79)

frais, des plats à emporter et tous les ustensiles de cuisine indispensables. (☏09 84 01 45 29 ; www.japan-market.fr ; 27 rue Saint-James ; ⓘlun 15h-19h30, mar-sam 10h-19h30 ; 🚊A Sainte-Catherine)

La Recharge
ÉPICERIE RESPONSABLE

121 🔒 Plan E8

Une épicerie sans emballages jetables et qui privilégie les produits locaux : baguette bordelaise au levain naturel, fruits et légumes de saison, miel en vrac, yaourts fermiers, fromages au lait cru des Pyrénées… C'est une bonne adresse pour se ravitailler avant un pique-nique sur les bords de Garonne. Mais, surtout, n'oubliez pas vos bouteilles, cagettes et autres contenants ! (www.la-recharge.fr ; 38 rue Sainte-Colombe ; mar-sam 10h30-19h30 ; A Sainte-Catherine)

Docks Caviar — MODE
122 Plan E8

Installé pendant 20 ans rue Sainte-Catherine, Docks Caviar a déménagé fin 2017. On devrait retrouver ici tout ce qui a fait son succès : un look *british* très Mods (Doc Martens, Ben Sherman, Harrington…), des accessoires rétro et décalés, et l'espace friperie *eighties* où se côtoient de nombreuses merveilles vintage. Bref, un petit paradis. (05 56 91 69 56 ; 18 rue Ravez ; lun-sam 10h30-19h30 ; A Sainte-Catherine)

La Lainerie — TRICOT
123 Plan E8

De la laine, des rubans et des boutons en pagaille dans cette mercerie de 1936, où règne un bel esprit contemporain, dans la vogue du DIY (tissus, macramés, etc.). Ne serait-ce que pour le plaisir des yeux, poussez la porte de ce monde coloré, où il est impossible de rester de glace. L'inspiration pourrait bien vous venir en entrant. (05 56 81 43 92 ; 22 rue des Ayres ; mar-sam 10h30-19h30 ; A Sainte-Catherine)

Apache Bijoux — BIJOUX
124 Plan E8

De magnifiques bijoux d'inspiration amérindienne, réalisés avec beaucoup de goût, de délicatesse et de talent. On aime, et on ne s'en lasse pas. Petite sélection de vêtements de jeunes créateurs sur un portant. Et un accueil adorable pour couronner le tout. (09 81 72 65 39 ; www.apachecreation.com ; 47 rue Saint-James ; mar-sam 11h-19h ; A Sainte-Catherine, B Musée-d'Aquitaine)

Explorer

Saint-Michel et Sainte-Croix

Moins touristique que le reste du centre-ville, Saint-Mich' est un quartier charmant, en pleine mutation. Son atmosphère si séduisante tient à un mélange d'histoire ancienne – encore palpable lorsque l'on parcourt les venelles pavées descendant vers les quais – et contemporaine, celle des immigrés qui se sont établis ici au fil des décennies. Il faut venir s'y balader le samedi matin, jour de marché.

L'essentiel en un jour

☀️ Suivez le cours Victor-Hugo en direction de la Garonne et attardez-vous sur la **maison à pans de bois** au coin de la rue Pilet, l'une des dernières du vieux Bordeaux. Au bout du cours Victor-Hugo, la **porte de Bourgogne** (p. 87) débouche sur les quais. Avant d'y arriver, empruntez sur la droite la vivante rue des Faures qui mène à la place Meynard et à ses terrasses de café. Arrêtez-vous pour déguster un thé à la menthe au **Bout du Monde** (p. 91) et, si c'est jour de **marché** ou de **brocante** (p. 84), profitez-en ! Après la visite de la **basilique Saint-Michel** (p. 86), il est temps de reprendre des forces.

☀️ Pour le déjeuner, optez pour des tapas à la **Meson la Venta** (p. 89) ou un couscous chez **Rizana** (p. 90), avant de rejoindre l'**église Sainte-Croix** (p. 86) par l'agréable rue Camille-Sauvageau. En chemin, poussez la porte de **Camille et les Filles** (p. 92) pour découvrir le travail de créateurs de la région. Puis faites une pause thé à la terrasse de l'**Atmospher** (p. 91) et profitez de l'ambiance arty du quartier.

🌙 En soirée, optez pour un spectacle au **TnBA** (p. 91) puis une planche de charcuterie à partager au Tn'BAR ou, plus festif, pour un dîner chez **La Mère Michel** (p. 90) suivi d'un concert au **Wunderbar** (p. 92) – un lieu à ne pas manquer.

 100% bordelais

Un samedi matin au cœur du quartier (p. 84)

 Le meilleur du quartier

Visites
La basilique Saint-Michel (p. 86)
La flèche Saint-Michel (p. 86)
L'église Sainte-Croix (p. 86)

Restaurants
Le Taquin (p. 90)
Quartier Libre (p. 88)
Le Bar Cave de la Monnaie (p. 93)

Shopping
Julo (p. 90)
Le Passage Saint-Michel (p. 93)

Comment y aller

🚋 **Tramway** C station Saint-Michel ou Sainte-Croix

100% bordelais
Un samedi matin au cœur de Saint-Michel et Sainte-Croix

Le samedi matin, l'effervescence est à son comble dans les ruelles animées de Saint-Michel. Un lieu parsemé de petites boutiques où flotte un doux mélange de passé et d'épices. Un coin cosmopolite aux parfums enivrants, riche en histoire et en anecdotes étonnantes. En allant vers Sainte-Croix, on découvre également un quartier à la pointe de l'art, avec l'École des Beaux-Arts, le Conservatoire et le TnBA (p. 91).

❶ Le marché

Au cœur du quartier Saint-Michel se mêlent le charme des marchés d'autrefois et les saveurs orientales. Pour le grand marché du samedi, la foule se presse autour des stands de boulangerie, de boucherie et de fromagers, des étals de fruits et légumes, de menthe et de coriandre, mais aussi de vêtements, chaussures, articles de maroquinerie, lunettes de soleil, etc. Les arômes des

samedi matin au cœur de Saint-Michel et Sainte-Croix

épices et des herbes fraîches viennent délicatement éveiller vos sens. C'est l'occasion de flâner et de se laisser enivrer à la vue de tous ces produits. Le reste de la semaine, vous pourrez vous approvisionner en fruits et légumes, en fromage turc ou en olives en saumure dans l'une des épiceries du quartier ou faire un tour dans les bazars orientaux de la rue des Faures.

❷ Visite de la basilique Saint-Michel

Classée au Patrimoine mondial en 1998, la **basilique Saint-Michel** (p. 86), de style gothique flamboyant, est la plus grande église paroissiale de la ville. Mais plus que sa taille, c'est son architecture et sa superbe flèche qui en font un monument exceptionnel.

❸ Le coin des chineurs

Aux abords de la place Canteloup et de la place Meynard, quelques brocanteurs ouvrent leurs portes aux chineurs. Si beaucoup se sont installés dans le **Passage Saint-Michel** (p. 90), certains se font plus discrets, car situés aux alentours de ce dernier. Ils n'en peuvent pas moins renfermer aussi quelques petits trésors. Le grand marché du samedi se transforme en brocante le dimanche matin. Entre bric-à-brac et antiquités, ceux qui aiment fouiller seront comblés. Et le lundi, place au marché aux vêtements, pour clore trois matinées animées.

❹ Le traditionnel thé à la menthe

Après une longue flânerie sur le plus grand marché de Bordeaux, une pause est la bienvenue. Aux beaux jours, les terrasses autour de la **flèche Saint-Michel** (p. 86) sont très prisées. Pour une fois, bousculez les habitudes et remplacez votre petit café par un thé à la menthe. Optez pour une théière et profitez de ce moment pour lézarder au soleil et vous laisser bercer par l'agitation du samedi matin. C'est le rituel d'un bon nombre de Bordelais.

❺ De Saint-Michel à Sainte-Croix

L'architecture à la fois romane et néoromane de l'**église Sainte-Croix** (p. 86) vaut le coup d'œil. Pour vous y rendre, empruntez la rue Camille-Sauvageau depuis la place Saint-Michel. Parvenu à la rue de la Porte-de-la-Monnaie, tournez sur votre droite. Vous atteindrez vite la place Léon-Duguit, où se trouve l'ancien hôtel des Monnaies ; sur votre droite, la rue du Hamel abrite, au n°18, un beau cloître du XVIe siècle (il est actuellement occupé par le CROUS) ; sur votre gauche, la rue du Portail file en ligne droite jusqu'à la place Pierre-Renaudel, où se dresse l'église. Le couvent de l'abbaye dont elle dépendait autrefois héberge depuis 1887 l'École des Beaux-Arts.

Voir

Basilique Saint-Michel
PATRIMOINE RELIGIEUX

 Plan G9

Commencée au XIVe siècle, achevée près de 200 ans plus tard, cette majestueuse basilique inscrite au Patrimoine mondial veille sur la place Canteloup. À l'extérieur, on admire le portail surmonté d'une rosace et l'ornementation de style gothique flamboyant. À l'intérieur, plusieurs éléments sont particulièrement remarquables : une statue de sainte Ursule abritant sous son manteau 11 000 vierges dans la chapelle Sainte-Catherine ; un retable finement sculpté et des panneaux d'albâtre, de tradition anglaise, dans la chapelle Saint-Joseph ; et, presque en face, une belle pietà du XVe siècle. Les seuls vitraux d'origine (XVIe siècle) sont ceux de la chapelle de Mons. Le carillon (22 cloches) est l'un des derniers d'Aquitaine. (05 56 94 30 50 ; place Meynard ; lun-dim 14h-17h30 ; C Saint-Michel)

Flèche Saint-Michel
PATRIMOINE RELIGIEUX

126 Plan G9

Le clocher de la basilique, dont il est séparé de quelques mètres, s'élève à 114 m de haut. Il fut édifié en un temps record, entre 1472 et 1492. Une manière d'affirmer à l'époque l'importance de ce faubourg. Partiellement détruite par la foudre, puis par un séisme aux XVIe et XVIIe siècles, la flèche fut reconstruite entre 1861 et 1869. Son ascension offre une vue époustouflante sur la ville. Dans la crypte gisaient autrefois les "momies naturelles" : déposées au XVIIIe siècle, ces effrayantes figures que décrivit Victor Hugo furent finalement enterrées en 1990 au cimetière de la Chartreuse. (05 56 48 04 24 ; place Canteloup ; tarif plein/réduit 5/3,50 €, gratuit - 12 ans ; avr-oct lun-dim 10h-13h et 14h-18h ; C Saint-Michel)

Église Sainte-Croix
ABBATIALE

127 Plan H11

Malgré une apparente harmonie, la physionomie actuelle de l'église

La flèche Saint-Michel

Sainte-Croix résulte d'époques bien différentes. Abbatiale d'un couvent de bénédictins, elle fut construite sur les vestiges d'une nécropole gallo-romaine aux XIe et XIIe siècles, dans le style roman, comme en témoignent le clocher de droite et l'arrière du bâtiment. Puis l'édifice fut considérablement remanié en 1860, date à laquelle l'architecte Paul Abadie fit ajouter la tour de gauche, par souci de symétrie. (📞 05 56 94 30 50 ; place Pierre-Renaudel ; 🕐 lun-dim 10h-18h ; C Sainte-Croix)

Porte de Bourgogne ENTRÉE DE VILLE
128 🎯 Plan G8

Édifiée en l'honneur du duc de Bourgogne, premier fils du Dauphin à la Couronne de France, cette porte fut dessinée (1755), à la demande de l'intendant Tourny, par l'architecte André Portier sous la surveillance d'Ange-Jacques Gabriel. Elle marquait l'entrée officielle de la ville depuis la route qui venait de Paris. Nommée porte Napoléon en 1808 pour célébrer la venue de l'Empereur, elle est parfois appelée porte des Salinières en hommage aux ouvriers du sel qui vivaient autrefois dans ce quartier. (place Bir-Hakeim ; 🚊 A ou C Porte-de-Bourgogne)

Jardin des remparts COIN DE VERDURE
129 🎯 Plan G11

Ce jardin "suspendu" poétique n'est pas sans évoquer certains tableaux sdes peintres romantiques du XIXe siècle. Depuis la rue, entre le marché des Douves et l'ancien couvent des Capucins, l'écrin de verdure est invisible. Puis, là-haut, c'est le quartier qui s'ouvre à vous, l'église Sainte-Croix, la halle des Capucins… Une belle promenade loin du tumulte de la ville, et l'occasion de voir les vestiges des remparts du XIVe siècle. (rue des Douves ; 🕐 lun-dim 8h30-18h30 ; 🚊 B Victoire)

Silicone, espace d'art contemporain GALERIE D'ART
130 🎯 Plan F9

N'hésitez pas à venir soutenir la jeune création et apprécier les projets singuliers présentés chaque mois dans ce bel espace, un ancien garage reconverti en galerie, dédié à la découverte d'artistes émergents. Guettez l'agenda des vernissages sur leur site. (📞 06 86 30 30 22 ; www.siliconerunspace.com ; 33 rue Leyteire ; 🕐 jeu-sam 14h-18h30 ; 🚊 B Victoire, C Porte-de-Bourgogne)

Se restaurer

La Boulangerie SUR LE POUCE €
131 ❌ Plan G9

Une belle boulangerie à l'esprit déco, installée au cœur du quartier depuis plus d'un siècle. On y achète des pains classiques, revisités, ou des viennoiseries comme le jésuite. Nombreux sont les Bordelais qui en ont fait leur cantine et viennent déguster sandwichs et desserts, comme la tarte à la framboise. Pour un prix défiant toute concurrence. Le seul point noir ? La file d'attente le midi. Mais un tel établissement ne peut être que victime de son succès ! (☎ 06 66 05 93 38 ; laboulangerie-saintmichel. fr ; 51 rue des Faures ; ⌚lun-dim 7h-19h30 ; 🚋A ou C Porte-de-Bourgogne)

Palo Alto CAFÉTÉRIA €€

 Plan H9

L'été, pour prendre son café du matin accompagné d'une pâtisserie maison, le patio est un bonheur. Le plaisir se poursuit au déjeuner, avec de bons petits plats à la carte (velouté de saison, salade de lentilles, potimarron rôti, citron confit, burger gourmand, blanquette de veau et légumes oubliés, etc.). Smoothies et thé glacé. Brunch le samedi. (☎ 09 82 37 15 50 ; 5 quai de la Monnaie ; ⌚lun-sam 9h-16h ; 🚋C Saint-Michel)

Chez ta Mère FORMICA ET BONS PETITS PLATS €

133 Plan G10

Un lieu convivial, au joli cadre rétro. La carte affiche une cuisine du marché (soupe paysanne, daube de bœuf, tarte aux 3 fromages, velouté de brocolis, moelleux au chocolat, crêpes au sucre...). Simple, bon, à des prix très doux. Et dans une ambiance qui devient souvent festive au fil de la soirée. (☎ 05 56 92 55 12 ; 12 rue Camille-Sauvageau ; ⌚mar-sam 18h30-2h ; 🚋C Saint-Michel)

La Taupinière ROCK €€

 Plan H10

Convivial et rock'n'roll, La Taupinière est un repaire de bonne humeur. La spécialité de la maison : la bitoche (250 g d'aloyau de bœuf haché, sauce crème fraîche, champignons, piments d'Espelette, frites maison), un passage obligé. Avis aux végétariens : le lieu est aussi "légumes friendly" ! (☎ 05 56 88 64 84 ; 9-10 quai de la Monnaie ; ⌚mar-dim 18h15-23h et dim 12h30-15h30 ; 🚋C Saint-Michel)

Quartier Libre CUISINE CONVIVIALE €€

135 Plan G10

Les produits sont en majorité bio, et la cuisine joue sur un registre

Bons petits plats au menu du Palo Alto

convivial et classique, tous horizons confondus (falafels, caviar d'aubergines et crème yaourt à la menthe, burrata, acras ; onglet fumé aux sarments de vigne, risotto, poisson du jour ; riz au lait, crème brûlée...). Dans ce restaurant-bar à concerts, on termine la soirée sur une note jazzy, aux sons d'un DJ set, ou en découvrant une exposition. (📞06 25 80 60 53 ; www.quartierlibrebordeaux.com ; 30 rue des Vignes ; 🕐mar-sam 17h-2h, dim 17h30-2h, service 20h-23h ; 🚋C Saint-Michel)

Meson la Venta   TAPAS €€

136 🍽 Plan G9

"*Bienvenidos a España.*" Ici, c'est tapas, assiettes de charcuterie et calamars frits. On commande plusieurs plats et chacun picore dans l'assiette du voisin. Un véritable régal. Une fois passé par là, on en redemande. Il est conseillé de réserver, surtout l'été, car la terrasse ne désemplit pas. Il faut dire qu'elle a une vue privilégiée sur Saint-Michel et l'une des plus anciennes maisons de la place ! (📞05 56 91 59 80 ; 17 place Meynard ; 🕐mar-dim 12h-15h et 19h-minuit ; 🚋C Saint-Michel)

La Brebis au Comptoir
INSPIRATIONS FROMAGÈRES €€

 Plan G10

Pour les amateurs de fromages, mais pas seulement. Cette brebis a certes l'inspiration fromagère. Au menu : tartines de saint-marcellin au lard et pommes, burger au magret et bleu, quiches, lasagnes et crumble de légumes au fromage frais. Le tout accompagné d'un bon vin, avec une note pas trop salée. Une adresse à retenir également pour le brunch du dimanche. (9 rue Gaspard-Philippe ; 🕐lun et jeu-sam 11h-14h et 19h-22h30, dim 10h-15h ; 🚋C Saint-Michel)

La Mère Michel   CRÊPERIE-BROCANTE €

138 🍽 Plan G9

Les crêpes sont un régal. Mais ce n'est pas tout : ici, tout est à vendre, de la chaise au verre, en passant par les miroirs. Si vous aimez chiner, c'est l'occasion de vous faire doublement plaisir : "Une crêpe et la table, s'il vous plaît !" (📞05 57 95 67 99 ; 22 place Meynard ; 🕐lun-dim 12h-15h et 19h-23h ; 🚋C Saint-Michel)

Le Rizana   ORIENTAL €€

139 🍽 Plan G9

Couscous, tajines... Un tour des spécialités marocaines dans un petit restaurant de quartier. Le tout accompagné d'un bon verre de boulaouane. Les portions sont généreuses, l'accueil est sans faille, et l'addition est plus que raisonnable. On en ressort rassasié, mais pas avant d'avoir bu un bon thé à la menthe. (📞05 56 74 00 17 ; 7 rue Gaspard-Philippe ; 🕐lun-dim 12h-15h et 19h-22h ; 🚋C Saint-Michel)

Le Passage Saint-Michel   BRASSERIE €€

Un bel endroit au décor années 1950. Dans la salle de restaurant, attenante

La Mère Michel

à la brocante, on déguste entrecôtes à la bordelaise, huîtres et autres spécialités du Sud-Ouest. Avec son vieux comptoir et son miroir piqué, le bar mérite le coup d'œil. (📞 05 56 91 20 30 ; www.lepassagesaintmichel.com ; 14 place Canteloup ; 🕐 mar-sam 12h-14h30 et 19h30-23h, dim 12h-15h ; 🚇 C Saint-Michel)

Le Taquin   BISTRONOMIE ET COCKTAILS €€

141   Plan H10

Pour y être passé un midi, nous n'avons pas cédé à l'appel du cocktail, l'une des spécialités de la maison. Ceci dit, la table vaut à elle seule le détour. De la fine et inventive cuisine de bistrot se déploie dans de belles assiettes et une ambiance décontractée. Une partition maîtrisée de l'entrée au dessert qui se conclut avec une cafetière à piston posée sur la table. Excellent rapport qualité/prix pour le menu du déjeuner (20 €). Le soir, l'addition peut vite monter avec les plats à partager. (📞 05 56 78 97 10 ; letaquin.com ; 1 quai Sainte-Croix ; 🕐 mar-sam 12h-14h et 19h30-22h30 ; 🚇 C Saint-Michel)

Prendre un verre

Julo   VIN ET TAPAS

142   Plan G9

Un verre de vin accompagné de tapas sur la place Saint-Michel, avant ou après quelques emplettes de bouche, c'est désormais possible. Julien Chivé fait partager sa passion du bon vin, et ouvre la porte de sa cave-épicerie fine. (📞 06 59 02 44 90 ; 11 rue des Faures ; 🕐 mar-mer 10h30-19h45, jeu-sam 10h30-22h, dim 10h30-15h ; 🚇 C Saint-Michel)

Sortir

Le Samovar ASSOCIATIF ET SOLIDAIRE
143 Plan G10

Un bar alternatif et associatif qui (sur)vit grâce à une poignée de bénévoles. On s'y sent comme à la maison en prenant un thé ou une tisane, lové dans des fauteuils cosy. Des livres sont à disposition. Des animations régulières sont proposées : lecture de poésie, débats, contes, musique, projections… Le midi, certains jeudis, il est possible de déjeuner végan et bio, avec une assiette au prix libre. (05 56 74 47 91 ; www.lesamovar.ouvaton.org ; 18 rue Camille-Sauvageau ; sam-dim 14h-20h ; C Saint-Michel)

Le Saint-Michel BAR
144 Plan G9

On s'y retrouve pour boire un verre entre amis, sous les tilleuls. Le Saint-Michel est particulièrement agréable aux beaux jours. L'animation qui règne sur la place est plutôt sympathique et on se surprend à passer aisément un après-midi entier en terrasse. Des concerts sont régulièrement organisés en soirée. (05 56 94 21 29 ; 39 rue des Faures ; mar-sam 8h30-23h, dim 8h30-14h ; A ou C Porte-de-Bourgogne)

Le Poisson Rouge Bar BAR À VINS ET COCKTAILS
145 Plan G11

Cet espace chaleureux ne désemplit pas. On vient pour un verre de vin accompagné d'une planche de charcuterie ou un succulent cocktail, pour une exposition ou pour faire la fête. (09 54 53 21 70 ; www.lepoissonrougebar.blogspot.fr ; 22 rue Saumenude ; mer-sam 18h-2h ; C Saint-Michel)

Au Bout du Monde THÉ À LA MENTHE
146 Plan G9

Le meilleur thé à la menthe de la place Saint-Michel, à déguster en terrasse, à deux pas de la basilique, et à accompagner d'une pâtisserie orientale. (05 56 91 46 43 ; 37 rue des Faures ; lun-ven 8h-minuit, sam-dim 17h-minuit ; A ou C Porte-de-Bourgogne)

L'Atmospher BAR DE QUARTIER
147 Plan H11

Depuis des années, étudiants des Beaux-Arts voisins, artistes du quartier et autres habitués ont fait de la terrasse de L'Atmospher leur repaire favori. On peut également manger sur place une cuisine de brasserie honorable (salle à l'étage). (05 56 91 40 19 ; 12 place Pierre-Renaudel ; lun-sam 8h-20h ; C Sainte-Croix)

Sortir

TnBA THÉÂTRE
148 Plan H11

Le Théâtre national de Bordeaux en Aquitaine occupe un bel édifice qui autrefois abritait une raffinerie de sucre. Sous la houlette de sa directrice Catherine Marnas, le répertoire est éclectique, du théâtre contemporain au classique, en passant par le cirque et la danse, et des créations, comme il se doit. Avant ou après le spectacle, vous pourrez boire un verre au Tn'BAR, sur place. (📞 05 56 33 36 80 ; www.tnba.org ; place Pierre-Renaudel ; places 12-25 € ; 🚋 C Sainte-Croix)

El Boqueron BAR À TAPAS ET CONCERTS

149 ⭐ Plan G9

Dans ce bar de quartier, on est reçu à bras ouverts. Au programme : soirées, concerts et excellentes tapas (la cuisinière est un vrai cordon-bleu). Sachez toutefois qu'on ne vient pas ici pour passer un instant zen… (📞 09 80 95 28 23 ; 83 rue des Faures ; 🕐 mar-sam 10h-1h30 ; 🚋 A ou C Porte-de-Bourgogne)

Café Pompier CONCERTS ET EXPOSITIONS

150 ⭐ Plan I11

Un lieu plutôt dynamique et original, géré par l'association des étudiants de l'École des Beaux-Arts (dont il occupe une annexe), qui y programme des expositions, des conférences, des projections, ainsi que des concerts et diverses soirées – c'était à l'origine, en 2004, la cafétéria de l'école. À éviter si vous envisagiez une soirée calme. (📞 05 56 91 65 28 ; 7 place Pierre-Renaudel ; adhésion 2 € ; 🕐 horaires et programmation sur la page Facebook ; 🚋 C Sainte-Croix)

Café des Moines BIÈRE BELGE ET CONCERTS

151 ⭐ Plan G9

Un petit bar à concerts à l'affiche éclectique. Pour une somme modique, on vient découvrir des groupes locaux, dans une salle assez petite et une ambiance chaleureuse. (📞 05 56 92 01 61 ; www.cafedesmoines33.com ; 12 rue des Menuts ; 🕐 lun-dim 17h-2h ; 🚋 A ou C Porte-de-Bourgogne)

Wunderbar BAR ROCK

152 ⭐ Plan G9

Temple du Jägermeister (liqueur à base de plantes médicinales), le Wunderbar est *the place to be*, avec de la bonne musique qui s'échappe des platines, une déco dans laquelle on retrouve quelques œuvres des graphistes locaux et une programmation de DJ sets à surveiller de près. (📞 09 50 35 02 10 ; 8 rue Mauriac ; 🕐 mar-sam 18h-2h ; 🚋 A ou C Porte-de-Bourgogne)

Shopping

Camille et les Filles BOUTIQUE DE CRÉATEURS

153 🔒 Plan H10

Bijoux, chapeaux, vêtements, coussins pour enfants, céramiques, lampes déco… Dans cette boutique associative, place à la fabrication locale et artisanale. Elle fonctionne en dépôt-vente et la sélection change régulièrement. L'aventure débutait à peine lors de notre passage, et déjà certains modèles accrochaient le regard. (📞 09 86 37 00 56 ; 59 rue Camille-Sauvageau ; 🕐 mar-ven 10h30-19h, sam à partir de 10h ; 🚋 C Saint-Michel)

100% bordelais

La "rue Tupina"

La rue Porte-de-la-Monnaie est devenue avec le temps la "rue Gourmande". Tout a commencé en 1968 avec la **Tupina** (247 ✖ Plan H10 ; 📞 05 56 91 56 37 ; www.latupina.com ; au n°6 ; menu classique 74 € ; ⏱mar-dim 12h-14h et 19h-23h) lancée par Jean-Pierre Xiradakis, véritable figure de la cuisine du Sud-Ouest. Volets bleus et grande cheminée : on croirait une auberge de campagne posée au cœur de la ville. On y ressuscite avec bonheur les plats régionaux d'autrefois ; le menu du jour à 18 € en semaine est une affaire. Jean-Pierre Xiradakis est également à l'origine du **Kuzina** (248 ✖ Plan H10 ; 📞 05 56 74 32 92 ; au n°22 ; menus 17-27 € ; ⏱mar 19h-23h et mer-sam 12h-14h et 19h-23h), inspiré du régime crétois, au décor plus contemporain.

Le **Bar Cave de la Monnaie** (249 ✖ Plan H10 ; 📞 05 56 31 12 33 ; au n°34 ; formules midi 10-18 € en semaine, plats 14,50-17 € ; ⏱lun-dim 11h-15h et 18h-22h) propose quant à lui une formule séduisante : une cuisine du terroir de qualité à des prix très raisonnables, de nouveaux vins à découvrir chaque semaine et un brunch les samedis et dimanches.

Le Passage Saint-Michel
BROCANTE

Voir 140 ✖ Plan G10

En face de la cathédrale Saint-Michel, ce passage couvert réunit des meubles et objets anciens de qualité, avec une prédilection pour l'Art déco. (📞 05 56 74 01 84 ; www.lesbrocanteursdupassage.fr ; 15 place Canteloup ; ⏱mar-sam 10h-18h, dim 9h-15h ; 🚌 C Saint-Michel)

Disparate
LIBRAIRIE-GALERIE D'ART

154 🔒 Plan F10

Dans les 10 m² d'un ancien salon de coiffure, une large sélection de fanzines, sérigraphies, tee-shirts, tote bags... Cette librairie associative, qui s'attache à promouvoir la microédition, organise quelques expositions. (www.disparate.fr ; 31 rue Bergeret ; ⏱mer-sam 15h-19h ; 🚌 B Victoire)

Sports et activités

Parc des Sports
MULTIDISCIPLINAIRE

155 🏃 Plan I10

Chaussez vos baskets sur les quais ! Terrains de basket et de foot, fronton de pelote, appareils de musculation, aire de hockey, terrains de beach-volley et plein d'autres animations l'été dans le cadre de Quai des sports… Et le tout, accessible gratuitement. (quais des Salinières, de la Monnaie et Sainte-Croix ; ⏱site éclairé jusqu'à 22h)

La Victoire et les Capucins

Explorer

La Victoire et les Capucins

Située sur le tracé des remparts du XIVᵉ siècle, aujourd'hui détruits, la place de la Victoire est devenue un carrefour de circulation majeur, point de rencontre des cinq grandes artères, dont le cours de la Marne, qui la relie à la gare Saint-Jean. Plutôt bruyant et encombré par les voitures, le quartier est surtout réputé pour son marché des Capucins, le plus grand de la ville.

Explorer

L'essentiel en un jour

☀️ Le week-end, profitez du début de journée pour vous frayer un chemin dans les allées du **marché des Capucins** (p. 97). Laissez-vous guider par les effluves de poulet grillé et de menthe fraîche. Offrez-vous quelques huîtres et un verre de vin blanc **Chez Jean-Mi** (p. 97), en guise d'apéritif. Puis, pour le déjeuner, rendez-vous à **La Maison du Pata Negra** (p. 98).

☀️ L'après-midi, passez chez **Total Heaven** (p. 101), *le* disquaire incontournable, puis poussez la porte de **Steack Fripes** (p. 101), et ne vous étonnez pas si vous consacrez une bonne partie de votre après-midi à la recherche de la veste vintage idéale. Faites une pause pour jeter un coup d'œil à l'obélisque et aux deux tortues en bronze de la **place de la Victoire** (p. 96). Et pour les plus courageux, engouffrez-vous dans la rue Sainte-Catherine, la principale artère commerçante de la ville – plus d'un kilomètre de magasins jusqu'au quartier du Triangle d'Or.

🌙 Le soir, attablez-vous au **Cochon Volant** (p. 99) pour vous régaler d'un plat traditionnel. Puis achevez cette journée au **Chicho** (p. 100) ou au **Void** (p. 100), selon la programmation.

Le meilleur du quartier

Architecture et urbanisme
Place de la Victoire (p. 96)

La Méca (p. 96)

Synagogue de Bordeaux (p. 97)

Restaurants
Le Cochon Volant (p. 99)

Au Bistrot (p. 98)

Hu Tong (p. 98)

Shopping vintage
Total Heaven (p. 101)

Steack Fripes (p. 101)

L'Entrepôt Saint-Germain (p. 101)

Vie nocturne
Le Void (p. 100)

Rock School Barbey (p. 100)

La Manufacture Atlantique (p. 101)

Comment y aller

🚊 **Tramway** B station Victoire

Voir

Place de la Victoire
URBANISME

 Plan E11

Cette esplanade se distingue notamment par son arc de triomphe, la porte d'Aquitaine, érigée à la fin du XVIIIe siècle. Dans son prolongement, la rue Sainte-Catherine, la principale artère piétonne et commerçante de la ville, s'étire jusqu'à la place de la Comédie et au Grand Théâtre, à un peu plus d'un kilomètre de là. L'obélisque de marbre rouge (un hommage à la vigne et au vin) et les deux tortues en bronze du sculpteur tchèque Ivan Theimer, sujets à polémique lors de leur inauguration en 2005, sont entrés dans le paysage. Sur le côté est de la place, l'édifice imposant fut érigé à la fin du XIXe siècle pour abriter la faculté de pharmacie. On y enseigne aujourd'hui les sciences de l'homme et l'odontologie. Avec ses cafés sur la place, la Victoire est un haut lieu de la vie étudiante. (B Victoire)

La Méca
FRAC ET PÔLE CULTUREL

157 Plan K13

Son inauguration est attendue pour début 2019. Fer de lance du futur quartier Euratlantique qui sort de terre près de la gare Saint-Jean, La Méca (pour Maison de l'économie créative et culturelle en Nouvelle-Aquitaine) réunit

Chez Jean-Mi, dans la halle du marché des Capucins

le Fonds régional d'art contemporain (auparavant aux Bassins à flot) et deux agences culturelles de la région, l'une dédiée au livre et au cinéma, l'autre au spectacle vivant. Sous une arche totem, dessinée par l'agence danoise BIG associée à Freaks, l'ensemble devrait trouver une forte visibilité et bénéficier, au bord de la Garonne, d'une vue inédite sur les alentours. Sur la terrasse située à 24 m de haut, on pourra prendre un café au milieu d'œuvres monumentales du Frac. (frac-aquitaine.net ; quai de Paludate ; C Gare-Saint-Jean)

 À savoir

Capucins noctambules
Le marché des Capucins offre aux noctambules trois enseignes bien utiles, en cas de petits maux ou pour reprendre des forces. La **pharmacie des Capucins** (05 56 91 62 66 ; 30 place des Capucins) est ouverte toute la nuit. Le restaurant **Le Cochon Volant** (p. 99) ne ferme qu'à 2h. Et **Le Fournil des Capucins** (62 cours de la Marne) vous accueille 24h/24.

Synagogue de Bordeaux
ÉDIFICE RELIGIEUX

 Plan D9

Considérée comme l'une des plus belles de France et classée Monument historique depuis 1998, la synagogue de Bordeaux fut inaugurée en 1882. Classique par son plan, elle se distingue par l'éclectisme de ses ornements, mêlant les références gothiques, mauresques et ottomanes. Durant la Seconde Guerre mondiale, elle fut transformée en prison par les nazis et subit d'importantes dégradations qui nécessitèrent par la suite deux décennies de travaux. Elle fait aujourd'hui partie des monuments éclairés de la ville. (05 56 91 79 39 ; www.synagogue-bordeaux.com ; 6 rue du Grand-Rabbin-Cohen ; B Victoire)

La Réserve
LIEU D'ART

Hors plan D15

Un espace de travail et d'expérimentations artistiques vaste et lumineux, dans une ancienne usine de pâtes alimentaires. Les expositions se succèdent. (06 33 36 64 63 ou 06 45 09 92 68 ; lareservebienvenue.com ; 91 rue de Marmande ; horaires et événements sur la page Facebook ; B Victoire)

Se restaurer

Chez Jean-Mi
BISTROT DES HALLES €

Voir Plan F11

Les amateurs de fruits de mer connaissent bien ce bistrot du marché des Capucins : sa terrasse, calée entre les étals des maraîchers, est l'un des meilleurs endroits de Bordeaux pour déguster huîtres et bulots. (marché des Capucins ; mar-ven 7h-14h, sam 7h-15h30, dim 9h-15h30 ; B Victoire)

Nobi Nobi
STREET FOOD NIPPONNE €

 Plan E10

Traditionnel et délicieux, pour un déjeuner rapide. L'omelette

Au Cochon Volant

est exceptionnelle et le *bubble tea*, excellent. Le petit plus : le *doggy bag* ! Un excellent choix, sur place ou à emporter. (📞 09 81 35 39 66 ; www.nobinobi-streetfood.com ; 262 rue Sainte-Catherine ; 🕐 lun-jeu et dim 12h-23h, jusqu'à 23h30 ven-sam ; 🚇 B Victoire)

L'Escorial   TRADITIONNEL €€

160 Plan E10

De la fine cuisine traditionnelle, d'un bon rapport qualité/prix, par un maître restaurateur. Autrement dit : tout, ici, est *vraiment* fait maison. Une assiette veggie figure aussi au menu. (📞 05 56 91 96 47 ; www.lescorial.fr ; 31 rue des Augustins ; 🕐 mar-sam 12h-14h et 20h-22h ; 🚇 B Victoire)

Hu Tong   RESTAURANT SINGAPOURIEN €€

161 Plan E10

Un menu court (qui change régulièrement), une déco de cantine chic, une belle terrasse, et des saveurs à devenir accro. Goûtez par exemple le bol de *laska lemak*, une soupe relevée à base de lait de coco ou, en entrée, un *char siu bao*. (Pas d'inquiétude, chaque plat est bien présenté, à l'écrit comme à l'oral !) (📞 09 67 61 81 99 ; 1 place Général-Sérail ; 🕐 mar-sam 12h-14h et 19h30-22h ; 🚇 B Victoire)

La Maison du Pata Negra   TAPAS €€

Voir **174** Plan F11

Ce petit restaurant est l'endroit rêvé pour quelques tapas, après avoir arpenté la halle du marché. Succulent jambon espagnol. Accueil chaleureux. (📞 05 56 88 59 92 ; www.maisondupatanegra.com ; marché des Capucins ; 🕐 mar-dim 8h-13h ; 🚇 B Victoire)

Au Bistrot   CUISINE TRADITIONNELLE €€

162 Plan F11

Ici, les produits du marché sont rois, tout comme les bons petits plats à l'ancienne (pot-au-feu, blanquette, terrines maison, etc.). On aime le comptoir ouvert sur la cuisine et la carte qui change selon les arrivages. (📞 06 63 54 21 14 ; 61 place des Capucins ; 🕐 mer-dim 12h-14h30 et 19h-23h ; 🚇 B Victoire)

Le Plana   BRASSERIE €€

163 Plan D11

Une institution de la place, pour se restaurer à toute heure. Huîtres,

Prendre un verre

Comprendre
Les échoppes du quartier du Sacré-Cœur

Les échoppes, les petites maisons où vivaient artisans et ouvriers, font partie du patrimoine local. En émigrant vers les villes, les ouvriers agricoles introduisirent à Bordeaux cette architecture, qui connut son âge d'or dans la seconde moitié du XIXᵉ siècle. L'échoppe ne comporte qu'un rez-de-chaussée, avec une ou deux pièces et une cuisine, ouvrant sur un petit jardin à l'arrière. Le **quartier de l'église du Sacré-Cœur** (hors plan I15), résidentiel, en regroupe le plus grand nombre. Même si la visite n'est pas spectaculaire, l'alignement de ces maisons est une curiosité, et certaines décorations ornant portes et fenêtres sont remarquables. Depuis la gare Saint-Jean, marchez jusqu'au pont du Guit pour emprunter la rue Amédée-Saint-Germain, puis la rue Bauducheu. Parcourez ensuite les rues de Langon, Donnet, d'Agen ou Billaudel, tout autour de l'église du Sacré-Cœur.

---

dorade, tartare : la carte est aussi obre que le cadre, aux murs bruns et à la lumière douce. Très belle terrasse. (☏ 05 56 91 73 23 ; www.leplana.fr ; 22 place de la Victoire ; ⏱ lun-dim 10h-2h, service 12h-15h et 19h30-minuit ; 🚇 B Victoire)

Le Cochon Volant TRADITIONNEL €€€
 Plan F11

C'est le restaurant bien connu des noctambules, celui où l'on vient réparer un appétit gargantuesque avec des plats à l'image du lieu, un ancien volailler face au marché des Capucins. Ventre de veau, magret de canard entier, tartare, côte de bœuf et côtelettes d'agneau s'invitent dans les assiettes et les conversations. À savourer à toute heure du jour, ou presque ! (☏ 05 57 59 10 00 ; 22 place des Capucins ; ⏱ mar-ven 12h-16h et 19h-2h, sam-dim 12h-2h ; 🚇 B Victoire)

Prendre un verre

Café Auguste CAFÉ AVEC TERRASSE
165 Plan E10

Avec sa terrasse plein sud, les places sont chères aux beaux jours. À l'intérieur, on aime le cadre aux faux airs de vaste buffet de gare. Service brasserie et menu à moins de 15 €. (☏ 05 56 91 77 32 ; 3 place de la Victoire ; ⏱ lun-ven 8h-2h, sam 10h-2h30, dim 10h-0h30 ; 🚇 B Victoire)

Pub Saint-Aubin BAR AVEC TERRASSE
166 Plan E11

L'été, il investit la place de la Victoire, avec une ambiance assez jeune. On s'y retrouve le soir pour l'apéritif ou le jeudi pour les célèbres soirées étudiantes de la Victoire. Pour les serveurs, le kilt (noir) est de rigueur ! (☏ 05 56 91 28 15 ; www.pub-saint-aubin.fr ; 5 place de la Victoire ; ⏱ lun-sam 7h-2h, dim à partir de 9h ; 🚇 B Victoire)

La Victoire et les Capucins

 100% bordelais

Quartier Euratlantique
Après un verre en ville, les noctambules avaient l'habitude de poursuivre la soirée quai de Paludate. Si La Plage, La Rhumerie et La Pachanga y font encore la nuit bordelaise, de nombreux lieux ont disparu. La faute de la réputation sulfureuse du quartier ? Disons plutôt qu'il connaît une vaste restructuration, dans le cadre du projet Euratlantique (www.bordeaux-euratlantique.fr). La Méca (p. 96) a vu le jour sur le site des anciens abattoirs et une promenade sur les berges va être aménagée jusqu'au pont Simone-Veil qui reliera les deux rives en 2020.

Sortir

Le Void CONCERTS

167 Plan E10

Un lieu d'échange et de rencontres des cultures underground. Concerts, expos, bar associatif... (09 51 58 05 05 ; 58 rue du Mirail ; www.voidavenue.com ; B Victoire)

Rock School Barbey CONCERTS

168 Plan G13

École de musique, salles de répétitions, résidences pour les groupes... Un lieu incontournable dédié à la culture musicale, avec de nombreux concerts. (05 56 33 66 00 ; www.rockschool-barbey.com ; 18 cours Barbey ; C Gare-Saint-Jean)

El Chicho BAR-CONCERTS

169   Plan F11

Ce petit bar-restaurant aux abords du marché des Capucins organise des concerts tout au long de la semaine, avec une programmation variée, mettant à l'honneur la scène locale (5 € environ). (05 56 74 47 35 ; www.elchicho.fr ; 52 place des Capucins ; mer-sam 18h-2h ; B Victoire)

Le Chat qui pêche CONCERTS

 170 Plan F11

Ce café-concert associatif et surprenant s'attache à promouvoir les artistes locaux sur une scène un brin exiguë, mais accueillante. Il ouvre jusqu'à tard dans la nuit et on peut y prolonger la soirée. (05 56 31 11 39 ; 50 cours de la Marne ; jeu-sam 22h-2h ; B Victoire)

Le Café Populaire SOIRÉES

171 Plan F11

Le Café Pop attire une clientèle branchée (de 30-40 ans), qui replonge avec bonheur dans les années 1980-1990. Après le dîner, les tabourets et les tables disparaissent, et les deux salles deviennent des pistes de danse ultrabondées. Happy hour le mercredi (18h-2h). (05 56 94 39 06 ; www.cafepop.fr ; 1 rue Kléber ; mer-sam 20h-2h ; B Victoire)

La Manufacture Atlantique
ARTS DE LA SCÈNE

 Hors plan I15

Une scène alternative, dans une friche industrielle reconvertie en espace pluridisciplinaire. Théâtre, danse, musique, arts visuels. Et les bons petits plats d'"Estelle en Goguette", excellente cuisinière itinérante. (📞 05 56 85 82 81 ; www.manufactureatlantique.net ; 226 boulevard Albert-Ier ; 12 € ; 🚋 C Terres-Neuves)

Shopping

Total Heaven
DISQUAIRE

172 🔒 Plan E10

L'un des derniers disquaires dignes de ce nom à Bordeaux. À la tête de ce petit paradis sur terre : Martial et Xavier, enthousiasmes et toujours prêts à faire découvrir des merveilles. (📞 05 56 31 31 03 ; pier.vidal.free.fr ; 6 rue de Candale ; 🕐 lun 14h-19h, mar-sam 11h-19h30 ; 🚋 B Victoire)

Steack Fripes
FRIPERIE

173 🔒 Plan E10

Plus qu'une institution à Bordeaux. Robes, chaussures, vestes, accessoires... En farfouillant un peu, impossible de ne pas y trouver son bonheur. (📞 05 56 92 79 01 ; 62 rue du Mirail ; 🕐 lun-sam 10h30-12h30 et 14h30-19h ; 🚋 B Victoire)

Marché des Capucins
MARCHÉ COUVERT

174 🔒 Plan F11

Le grand marché couvert de Bordeaux est très animé le week-end, lorsque tous ses stands sont ouverts, offrant un large choix de produits frais de qualité. Il y a en outre plusieurs buvettes. (📞 05 56 92 26 29 ; www.marchedescapucins.com ; 🕐 mar-ven 6h-14h30, sam et dim 5h30-14h30 ; place des Capucins ; 🚋 B Victoire)

L'Entrepôt Saint-Germain
BROCANTE

 Hors plan H15

Près de la gare Saint-Jean, une adresse prisée des chineurs, pour ses meubles et objets des années 1950 à 1980. Un espace vêtements également. (📞 05 56 91 10 06 ; depotventebordeaux.com ; 96 rue Amédée-Saint-Germain ; 🕐 lun 14h30-19h, mar-sam 10h-12h et 14h30-19h, dim 15h-18h30 ; bus n°10 Billaudel ou 🚆 Gare-Saint-Jean)

Martial de Total Heaven

Explorer

Les Chartrons

C'était le quartier des négociants. Les Chartrons symbolisent aujourd'hui la renaissance de Bordeaux. Une atmosphère chic et tranquille se dégage de ses ruelles, qu'il fait bon parcourir tant pour leur histoire que leurs antiquaires, galeries, boutiques et restos tendance. Sans omettre de passer par les quais, avec leur marché du dimanche.

Explorer

L'essentiel en un jour

☀️ Entamez cette journée en prenant le temps de vous attabler à l'une des terrasses de la place du Marché-des-Chartrons, chez **Sister** (p. 110) par exemple. Pour continuer de vous imprégner de l'ambiance du quartier, plongez dans son passé au **musée de l'Histoire maritime de Bordeaux** (p. 108) ou au **musée du Vin et du Négoce** (p. 108), où vous pourrez conclure la visite par une dégustation.

☀️ Déjeunez ensuite d'un bon petit plat chez **Pastel** (p. 109), puis partez à la découverte du **CAPC** (p. 104), passage incontournable des amateurs d'art contemporain. En sortant, arpentez la rue Notre-Dame et ses alentours à la recherche de boutiques déco et de petits créateurs de mode.

🌙 Pour l'apéro, optez pour le joli patio de la **Conserverie-Converserie** (p. 110) ou, si vous êtes d'humeur pub, privilégiez **The Golden Apple** (p. 110). Dînez enfin **Chez Dupont** (p. 110), une institution du quartier.

👁 Les incontournables
Le CAPC (p. 104)

100% bordelais
Balade au cœur des Chartrons (p. 106)

❤️ Le meilleur du quartier

Musées et galeries
CAPC (p. 104)

Shopping
Gastronomie des Pyrénées (p. 111)
Marché bio des Chartrons (p. 110)
Chez Boulan (p. 109)

Restaurants
Bread Storming (p. 109)
Bocca a Bocca (p. 109)
Pastel (p. 109)

Comment y aller

🚊 **Tramway** Le B et le C desservent les Chartrons

Les incontournables
Le CAPC

Temple de l'art contemporain, le CAPC a dynamisé le quartier sur le plan artistique. Son rayonnement a favorisé l'émergence de nombreuses galeries. Véritable vitrine de l'actualité artistique contemporaine, le musée propose plusieurs expositions temporaires chaque année. Elles donnent lieu à des colloques, à des conférences et à d'autres événements, en lien avec l'artiste ou la thématique mise en avant.

- Plan B6
- 05 56 00 81 50
- www.capc-bordeaux.fr
- 7 rue Ferrère
- Expo temporaire + collection tarif plein/réduit 7/4 € ; collection 5/3 € ; gratuit - 18 ans et 1er dim du mois
- mar et jeu-dim 11h-18h, mer 11h-20h, fermé jours fériés
- B CAPC-Musée-d'Art-Contemporain, C Jardin-Public

"The Floats", exposition consacrée à Robert Breers, au CAPC

Le CAPC

À ne pas manquer

L'histoire du CAPC
Le Centre d'arts plastiques contemporains de Bordeaux ne mérite pas seulement le détour pour les œuvres qui y sont exposées. Le bâtiment qui héberge ce musée depuis 1973 – une gigantesque halle (l'entrepôt Lainé, construit en 1824 par l'ingénieur Claude Deschamps) qui servait à l'origine à stocker divers produits coloniaux – impressionne par ses dimensions. Si le CAPC n'occupe les lieux que depuis les années 1970, il avait déjà été investi quelques années plus tôt par diverses associations d'artistes. Restauré en 1990 par les architectes Valode et Pistre, il fut réaménagé par Andrée Putman.

La nef centrale
Au rez-de-chaussée, nefs et voûtes rappellent l'architecture religieuse. Cet espace monumental, dominé par plusieurs galeries d'arcades, accueille les expositions temporaires. Autour de cette nef centrale, gravitent des espaces d'exposition, mais aussi le centre d'architecture **Arc en Rêve** (05 56 52 78 36 ; www.arcenreve.com ; mêmes horaires que le musée) et la **bibliothèque**, où est conservé le fonds documentaire, audio, vidéo et papier du musée.

La collection permanente
La collection du CAPC comprend plus de 700 œuvres, offrant un panorama des courants artistiques contemporains : land art, art conceptuel, art minimal... Une sélection, renouvelée tous les six mois environ, est présentée à l'étage. De nombreuses œuvres ont été conçues pour le musée lui-même, parmi lesquelles des créations de Christian Boltanski, Annette Messager, Keith Haring et Robert Combas.

☑ À savoir

▶ Des visites commentées du **CAPC** ont lieu les samedis et dimanches à 16h (gratuit sur présentation du billet d'entrée).

▶ La **boutique** à l'entrée du CAPC propose livres, cartes postales et autres objets dédiés à l'art. C'est une bonne adresse pour dénicher des cadeaux pour les enfants.

▶ Des **ateliers** (05 56 00 81 78) sont proposés pendant les vacances scolaires pour les 7-11 ans, en collaboration avec la **Fabrique Pola** (p. 136).

✗ Une petite faim ?

Sur les terrasses du deuxième étage, prenez place au **Café du Musée** (05 56 06 35 70 ; gratuit 12h-14h pour la restauration, réservé aux visiteurs munis de billet sur les autres créneaux) tenu par le chef Denis Franc, pour un déjeuner, un goûter ou le brunch (35 €) du week-end. Un lieu à la décoration design, signée Andrée Putman.

100% bordelais
Balade au cœur des Chartrons

Le quartier doit son nom au couvent des Chartreux qui y fut établi à la fin du XIVe siècle. Le faubourg s'enrichit d'abord grâce au commerce du vin. Puis, dans la seconde moitié du XVIIIe siècle, le lucratif négoce avec les colonies permit aux négociants de s'offrir de fastueuses demeures. Certaines sont encore visibles aujourd'hui.

❶ De la Bourse maritime aux demeures Louis XVI

En partant de l'esplanade des Quinconces, suivez les quais jusqu'à la place Lainé, où se dresse la Bourse maritime, un bâtiment des années 1920 inspiré de l'architecture du XVIIIe siècle de la place de la Bourse. De là, empruntez l'élégant cours Xavier-Arnozan, dont le terre-plein planté longe un superbe

alignement de demeures Louis XVI, aux balcons "sur trompes" (terme désignant leurs formes arrondies).

❷ La rue Notre-Dame

Avant d'arriver au Jardin public, prenez à droite la rue Notre-Dame, royaume des antiquaires. Tout de suite sur la droite, un temple protestant à l'allure néoclassique rappelle la présence ancienne d'une communauté d'origine flamande. Plus loin sur la gauche, au n°29, admirez la façade néomauresque de vieux bains turcs.

❸ Vers la halle des Chartrons

N'hésitez pas à vous aventurer dans les petites rues perpendiculaires – comme la jolie rue du Couvent –, bordées d'ateliers et de galeries d'art. À gauche de la rue Notre-Dame, remarquez l'église Saint-Louis (1875). Après l'avoir longée, on arrive sur une jolie place au centre de laquelle se dresse la halle des Chartrons (1869), une construction de fer et de verre convertie en espace d'exposition.

❹ Les anciens chais

De retour dans la rue Notre-Dame, continuez tout droit jusqu'à la rue Barreyre. Tournez à gauche pour rejoindre le cours Balguerie-Stuttenberg, puis à droite pour accéder à la rue du Faubourg-des-Arts, où l'on admire l'audacieux mariage entre vieilles pierres et architecture ultracontemporaine. Totalement rénovée, cette rue regroupe des ateliers d'artistes et d'artisans installés dans d'anciens chais réaménagés.

❺ Anciennes demeures de négociants

Au bout, prenez à gauche vers la place Paul-Avisseau, puis à droite la rue Poyenne, pour retourner vers les quais, bordés par de belles maisons de négociants du XVIIIe siècle. Aux n^{os}28 et 29, observez les deux superbes maisons à pignon, de style flamand, construites en 1680 par un marchand hollandais.

Voir

Église Saint-Louis des Chartrons ÉGLISE

 Plan B4

Derrière les larges murs de cette église néogothique achevée en 1879 et conçue par Charles-Louis Brun se cache le plus important orgue symphonique d'Aquitaine. Construit en 1881, c'est le plus beau de la facture Wermer-Maille. Un instrument exceptionnel. (📞05 56 52 94 15 ; 51 rue Notre-Dame ; ⏰lun-dim ; 🚌B CAPC-Musée-d'Art-Contemporain)

Musée du Vin et du Négoce VIN

176 Plan C3

Le focus est mis ici sur Bordeaux, l'histoire de ses familles de négociants et le fonctionnement du commerce du vin. Aménagé dans les caves d'un immeuble du XVIIIᵉ siècle, le musée offre aussi une agréable dégustation. (📞05 56 90 19 13 ; www.museeduvinbordeaux.com ; 41 rue Borie ; tarif plein/réduit 10/5 € dégustation comprise, gratuit - 18 ans ; ⏰lun-dim 10h-18h ; 🚌B Chartrons)

Musée de l'Histoire maritime de Bordeaux PORT

177 Plan D3

On doit cet attachant petit musée à des passionnés. À partir d'archives et d'objets provenant notamment de familles bordelaises et de négociants en vin, il retrace le passé maritime et fluvial du port. Si le commerce triangulaire est rapidement évoqué, on (re)découvre de grandes figures historiques. (📞05 56 90 19 13 ; www.museehistoiremaritimedebordeaux.fr ; 31 rue Borie ; tarif plein/réduit 5/2 €, gratuit - 12 ans ; ⏰lun-dim 10h-18h ; 🚌B Chartrons)

Rezdechaussée LIEU D'ART

Ce lieu pluridisciplinaire favorise les rencontres avec les artistes, qui trouvent dans sa vitrine un espace d'expression. Nombreuses activités menées par un collectif dynamique. (📞06 64 61 88 87 ; www.rezdechaussee.org ; 66 rue Notre-Dame ;

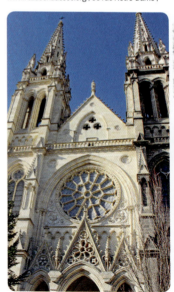

Église Saint-Louis des Chartrons

⊙ mer-sam 14h-19h, jeu jusqu'à 22h ; sur rdv hors expos ; 🚋 B CAPC, C Place-Paul-Doumer)

Se restaurer

Bread Storming INVENTIF ET RAPIDE €
 Plan B5

Pour un déjeuner sain et rapide. Les sandwichs sont préparés devant vous, le fromage et le jambon sont estampillés AOC et les desserts sont faits maison. Malgré la queue, l'attente n'est jamais très longue. (📞 05 33 05 57 06 ; 27 rue Notre-Dame ; ⊙ lun-ven 11h-15h30 ; 🚋 B CAPC-Musée-d'Art-Contemporain, C Place-Paul-Doumer)

The Cambridge Pub PUB €€
 Plan B3

Un pub charmant, tenu par un Écossais. Bercés par le jazz, étudiants et habitants du quartier viennent pour l'ambiance conviviale, les bières spéciales, les salades et les *fish and chips*. Bon rapport qualité/prix et belle terrasse sur la place du Marché-des-Chartrons en été. (📞 05 56 51 19 22 ; 27 rue Rode ; ⊙ dim-lun 10h30-2h, mar-sam 10h30-1h30 ; 🚋 C Place-Paul-Doumer)

La Bocca ÉPICERIE ITALIENNE €€
 Plan C4

Des spécialités italiennes à manger sur place ou à emporter. Goûtez les *rigatoni* sauce *tartufata* ou un risotto, ou faites le plein de produits de qualité. Et pour s'attarder : le restaurant est en face. (📞 05 57 99 12 07 ; www.labocca-bordeaux.fr ; 78 bis rue Notre-Dame ; ⊙ lun-sam 10h-14h30 et 17h30-21h, jeu-ven jusqu'à 22h ; 🚋 B Chartrons, C Place-Paul-Doumer)

🔍 100% bordelais
Street art : le M.U.R
Une grande "toile" blanche dressée place Paul-et-Jean-Paul-Avisseau... et laissée chaque mois à l'imagination d'un artiste. Pour assister aux performances, guettez la page Facebook du **M.U.R.** (**250** ⊙ Plan D2 ; www.facebook.com/lemurdebordeaux) – pour Modulable, Urbain et Réactif.

Le Bistrot du Fromager TERROIR €€
 Plan D3

Fromage, charcuterie, foie gras et bon vin. Ici, on déguste les produits du terroir, sur place ou à emporter. Pour un petit creux, un *after work* ou l'apéritif. Une belle adresse à l'ambiance détendue. (📞 05 56 98 17 08 ; 73 quai des Chartrons ; ⊙ mar-sam 17h-2h ; 🚋 B Chartrons)

Pastel CUISINE DE MARCHÉ €€
 Plan C6

Ici, on peut choisir des demi-parts, pour profiter d'une cuisine de saison rondement menée. Accueil adorable et possibilité de goûter plusieurs vins, même pris au verre. Un coup de cœur. (📞 09 70 98 62 20 ; www.pastelrestaurant.com ; 2 quai des Chartrons ; ⊙ mer-jeu 12h-14h, ven-sam 12h-14h et 19h30-22h, dim 12h-15h ; 🚋 B CPAC-Musée-d'Art-Contemporain)

Chez Boulan FRUITS DE MER €€
 Plan B4

Pour les envies d'huîtres (également à emporter), en provenance du Cap-Ferret.

100% bordelais
Le marché dominical
Le fameux **marché des Chartrons** (**251** Plan D4 ; quai des Chartrons ; dim 7h-14h, jusqu'à 16h pour la restauration ; B Chartrons) est l'occasion d'une belle balade. On vient pour des emplettes, et pour déguster des huîtres ou d'autres spécialités devant les stands. Et le jeudi (7h-13h), c'est marché bio.

Dans un cadre agréable, on vient aussi pour les ceviches et les poissons du jour. (05 56 44 08 43 ; chezboulanbordeaux.fr ; 10 rue Sicard ; mar-sam 12h-14h et 19h30-22h ; C Place-Paul-Doumer)

Chez Dupont   INSTITUTION €€€
185 Plan B4

Cuisine bourgeoise, cadre de bistrot chic et bons produits locaux (canard d'Auros, cochon noir de Bigorre, tricandilles...) pour cette table réputée. Annexe en face. (05 56 81 49 59 ; www.chez-dupont.com ; 45 rue Notre-Dame ; mar-sam 12h-14h et 19h30-22h30 ; C Place-Paul-Doumer)

Prendre un verre
The Golden Apple   PUB
186 Plan C3

Le doyen des pubs bordelais se porte à bien ! On y vient pour croquer des chips fromage-oignon, en buvant une pinte de Newcastle Brown Ale ou de Kilkenny. (05 56 79 03 85 ; www.golden-apple.fr ; 46 rue Borie ; lun 11h30-15h et 18h-minuit, mar-ven 11h30-15h et 18h-2h ; B Chartrons)

La Conserverie-Converserie   BAR À VINS
187 Plan B5

On aime le joli patio pour un verre de vin avec des tartines et les beaux vintage pour un soda *made in Bordeaux*. Un lieu paisible à la déco bohème. Un très gros coup de cœur. (05 56 81 49 17 ; www.laconserverie-bordeaux.fr ; 18 rue Notre-Dame ; mar-mer 11h-20h, jeu-sam 11h-22h ; B CAPC-Musée-d'Art-Contemporain)

Sister   SALON DE THÉ
188 Plan B4

Pour un chocolat chaud, un thé, un café viennois ou un délicieux jus de fruits, avec une pâtisserie. Un lieu dans l'air du temps, où l'on prend son temps. (06 65 45 25 25 ; 11 place du Marché-des-Chartrons ; lun-sam 8h-18h30 ; C Place-Paul-Doumer)

Paul's Place   SO BRITISH
189 Plan C4

Paul vous accueille dans son univers londonien. On aime s'installer autour d'un thé et manger un morceau dans un décor de bric et de broc, avec d'anciennes machines à coudre en guise de tables. Rencontres poétiques et autres soirées thématiques. (06 73 65 31 96 ; 76 rue Notre-Dame ; mer-sam 12h-14h et 19h-22h ; B Chartrons, C Place-Paul-Doumer)

Shopping

Village Notre-Dame — ANTIQUITÉS

190 Plan B4

Dans une ancienne imprimerie, cette grande galerie d'antiquités réunit une trentaine de stands, sur deux niveaux. Innombrables meubles, tableaux et autres objets de décoration – les plus anciens datent du XVIIe siècle. (05 56 52 66 13 ; www.villagenotredame.com ; 61-67 rue Notre-Dame ; lun-sam 10h-12h30 et 14h-19h, oct-avr dim 15h-19h ; B Chartrons)

Gastronomie des Pyrénées — PRODUITS DU TERROIR

191 Plan B4

Lionel Cuvier nous soigne aux petits oignons, avec des produits d'une très belle qualité. Agneau et fromage basques, charcuterie de la vallée des Aldudes, porc noir de Bigorre, mais aussi saumon de la Maison Barthouil, à Peyrehorade : une étape incontournable pour un shopping gourmand ! (05 56 52 87 59 ; 12 cours Portal ; lun-sam 8h30-13h30 et 15h30-20h ; C Place-Paul-Doumer)

Mademoiselle L'Insolente — MODE ET DÉCO

192 Plan B4

Un multimarques féminin, avec une jolie sélection de vêtements, accessoires et chaussures (Les Petits Hauts, Patricia Blanchet, Louise Misha, etc.). Autre espace dédié à la déco. (06 27 05 10 58 ; 8 rue Cornac ; mar-ven 10h30-19h, sam 10h30-12h30 et 14h30-19h30 ; C Place-Paul-Doumer)

Lily Blake — MODE

193 Plan C4

C'est aux Chartrons que cette ancienne rédactrice de mode londonienne a posé ses bagages, avec ses vêtements et accessoires chics et *british*. (05 33 05 41 40 ; www.lilyblake.fr ; 68 rue Notre-Dame ; mar-sam 11h-19h ; C Place-Paul-Doumer)

Sports et activités

Roller Skatepark — SUR DES ROULETTES

194 Plan D3

Quatre aires ouvertes à tous (2 350 m²) et une fresque monumentale de Georges Bouey. Skates et BMX bienvenus. (quai des Chartrons ; lun-dim 9h-22h ; protections et casque obligatoires ; B Chartrons)

Mademoiselle l'Insolente

Explorer

Les Bassins à flot et Bacalan

En longeant les quais de la rive gauche vers le nord, on atteint Bacalan, un ancien quartier portuaire redynamisé avec l'arrivée du tramway et la construction du pont Chaban-Delmas. On y vient pour se promener, faire la fête et prendre le pouls de la ville en mutation. Son secteur le plus animé, vers les Bassins à flot, abrite la Cité du Vin, devenue incontournable.

Explorer

L'essentiel en un jour

☼ En tramway, ou pourquoi pas en bateau, rejoignez le quartier des Bassins à flot. Arrêtez-vous prendre un café chez **Les Tontons** (p. 118), au pied du **pont Chaban-Delmas** (p. 117). À voir la circulation sur la rue Lucien-Faure, vous constaterez que la greffe a vite pris. Consacrez ensuite la matinée à la découverte de la **Cité du Vin** (p. 114), où vous pourrez déguster un verre au belvédère du 8e étage avant de redescendre.

☼ Pour le déjeuner, les **halles de Bacalan** (p. 117) vous tendent les bras. Et vous n'aurez que l'embarras du choix ! En guise de promenade digestive, marchez jusqu'à la **base sous-marine** (p. 116) – vérifiez auparavant si une exposition est en cours. En chemin, vous pourrez aussi vous arrêter au nouveau **musée de la Mer et de la Marine** (p. 116).

☾ En soirée, misez sur l'**I.Boat** (p. 118) ou **La Dame** (p. 119), pour dîner et faire la fête – en fonction de la programmation du jour. Guettez aussi l'agenda du **Garage Moderne** (p. 119) et des **Vivres de l'Art** (p. 116), où de belles soirées peuvent se dérouler.

👁 Les incontournables

La Cité du Vin (p. 114)

100% bordelais

Soucoupe volante et mystérieuses épaves (p. 119)

❤ Le meilleur du quartier

Musées
Musée de la Mer et de la Marine (p. 116)

Cap-Sciences (p. 117)

Art contemporain
Base sous-marine (p. 116)

Les Vivres de l'Art (p. 116)

Galerie Arrêt sur l'Image (p. 117)

Soirées
L'I.Boat (p. 118)

La Dame (p. 119)

Le Garage Moderne (p. 119)

Comment y aller

🚊 **Tramway** Le B dessert Bassins-à-Flot et Bacalan

🚢 **Bat³ (BatCub)** Des navettes fluviales rejoignent Les Hangars et la Cité du Vin, depuis la rive droite (station Stalingrad) et les Quinconces (infotbm.com ; 1,60 € ; ⏱ lun-ven 7h-19h30, sam-dim 8h45-20h)

Les incontournables
La Cité du Vin

À la croisée des Bassins à flot et de la Garonne, la Cité du Vin épouse les contours du fleuve et incarne les ambitions de la ville pour le quartier. Imaginé par Anouk Legendre et Nicolas Desmazières (agence XTU), le bâtiment déploie la forme arrondie d'un verre de vin en mouvement. À une robe rouge, refusée par les Bâtiments de France, a été préférée une teinte champagne qui change avec la lumière. Inauguré en 2016, ce lieu dédié aux cultures du vin a vite trouvé son public.

- Plan K4
- 05 56 16 20 20
- www.laciteduvin.com
- 134 quai de Bacalan
- Tarif plein/réduit 20/16 €, gratuit avec City Pass jusqu'à 12h, visites guidées 8/6,40 €, ateliers adulte/junior/famille 15/9/17 €
- tlj 10h-18h, avr-août, sam-dim et vacances scolaires sept-déc 10h-19h
- B La-Cité-du-Vin ou Bat³ La-Cité-du-Vin

La cave à vins du monde du Latitude 20

La Cité du Vin

À ne pas manquer

Le belvédère
C'était l'un des points les plus importants du cahier des charges : offrir aux visiteurs un point de vue à 35 m de hauteur. Au 8e étage de la Cité, voici donc ce belvédère circulaire. Un verre à la main (la dégustation est comprise dans le billet d'entrée), on peut visualiser l'histoire industrielle du quartier et en saisir les changements en cours. Tout en profitant d'un panorama superbe de Bordeaux.

Le parcours permanent
Une fois au 2e étage, vous serez équipé d'un casque et compagnon de visite, outil indispensable pour déclencher les nombreux modules interactifs du parcours. Après, à vous de jouer dans le foisonnement des propositions qui s'étendent sur 3 000 m². L'approche est internationale (pas question de ne parler que du vin de Bordeaux) et thématique, avec un focus sur les civilisations et les cultures (vendanges, vinification, routes fluviales du vin, portraits de vignerons, vin et divin, nouvelles tendances, figures littéraires, etc.). Le film survolant les vignobles du monde entier est superbe. D'autres dispositifs sont parfois plus complexes d'approche. Ne serait-ce qu'en raison de la foule, nombreuse.

La cave-bibliothèque
Rien que pour le plaisir des yeux, passez la tête au rez-de-chaussée dans la superbe cave à vins du **Latitude 20** (www.latitude20.fr ; ⊙tlj 12h-19h30), qui réunit près de 14 000 références issues de 88 pays. Même sans manger ou déguster un verre de vin, faites-en au moins le tour.

☑ À savoir

▶ Possibilité de coupler sa visite avec des ateliers (y compris pour les familles), comme l'expérience polysensorielle "Sens dessus-dessous".

▶ Deux grandes expos temporaires ont lieu chaque année.

▶ Guettez l'agenda culturel (conférences, week-ends Terroir et Théma, projections...).

▶ En été, la sieste vigneronne (⊙tlj vers 14h) vous invite à découvrir votre rythme biologique, bercé par l'imaginaire sonore de la vigne.

▶ Préférez la visite guidée architecturale à celle sur l'histoire de la Cité.

✗ Une petite faim ?

Pour la vue panoramique, direction le 7e étage, où **Le 7** (📞 05 64 31 05 40 ; le7restaurant.com ; ⊙mar-sam 10h-23h, dim 10h-16h, lun 10h-15h ; €€€) propose en semaine un plat du jour à 18 €. Sinon, cap sur les **halles de Bacalan** (p. 117).

Voir

Base sous-marine ART CONTEMPORAIN

195 Plan I1

Cette base sous-marine fut construite sous l'Occupation, de septembre 1941 à octobre 1942. Vaste masse de béton d'une superficie de 45 000 m², elle abrite 11 alvéoles qui, pour moitié, accueillent aujourd'hui des expos d'art contemporain. Un lieu saisissant, où arts visuels et numériques trouvent un écrin à leur hauteur. La base n'est ouverte que pour les expositions temporaires. (05 56 11 11 50 ; boulevard Alfred-Daney ; tarif plein/réduit 5/3 €, gratuit 1er dim du mois sept-juin ; mar-dim 13h30-19h, fermé jours fériés et hors expo ; B La-Cité-du-Vin, Liane 9 ou Corol 32 arrêt Latule)

Musée de la Mer et de la Marine MUSÉE PRIVÉ

196 Plan K2

Entre la Cité du Vin et la base sous-marine, ce nouveau musée conçu par Norbert Fradin entend raconter les aventures de la mer au sens large. Consacré d'abord aux objets et à l'histoire de la marine (grandes explorations, bateaux de commerce, bâtiments militaires, mais aussi marine de plaisance, transats, courses en solitaire ou encore histoire du port de Bordeaux), il aborde également les mers et océans comme espaces naturels, avec un vrai souci de pédagogie et de sensibilisation à l'environnement. (www.museedelamerbordeaux.fr ; rue des Étrangers ; ouverture juin 2018 ; B Rue-Achard)

Les Vivres de l'Art LIEU D'ART

197 Plan L4

C'est dans les magasins de vivres de la marine royale, du XVIIIe siècle, que le sculpteur Jean-François Buisson a choisi de s'installer. Ateliers, galerie, résidence d'artistes… Ce lieu transdisciplinaire et singulier accueille aussi des concerts, et notamment les propositions électros du collectif Tplt. (05 56 37 96 04 ; www.lesvivresdelart.org ; 4 rue Achard, place Raulin, lun-ven 10h-18h, week-end et jours fériés selon événements ; B Rue-Achard)

Parfums ibériques dans les halles de Bacalan

Cap Sciences SCIENCES

 Plan J5

Ce musée interactif a pour vocation de diffuser les savoirs scientifiques, techniques et industriels auprès des enfants et des adultes. Nombreux ateliers et animations pour les tout-petits. (☎ 05 56 01 07 07 ; www.cap-sciences.net ; Hangar 20, quai de Bacalan ; tarif plein/réduit 8-10/5-6 €, planétarium 5/3 €, carré 3-6 ans 7 €, ateliers 13 € ; ⏱ mar-ven 14h-18h et sam-dim 14h-19h, en semaine dès 11h pendant les vacances scolaires zone A ; 🚋 B La-Cité-du-Vin)

Pont Chaban-Delmas PONT LEVANT

 Plan K5

C'est le 5ᵉ pont de la Garonne à Bordeaux, avant le pont Simone-Veil qui sera achevé en 2020. Il offre, depuis les Bassins à flot, un accès à la rive droite aux automobilistes et aux promeneurs : long de 433 m, il constitue une belle balade à pied ou à vélo, avec une vue imprenable sur la Garonne. Inauguré en 2013, ce pont est doté d'un tablier qui, lorsqu'il est levé pour laisser passer les bateaux, offre un spectacle impressionnant. Avec ses 77 m, il serait le plus haut pont levant d'Europe. Il est aussi très beau de nuit. (🚋 B La-Cité-du-Vin)

Arrêt sur l'Image GALERIE

 Plan K2

Un temps installée dans le Hangar G2 des Bassins à flot, Nathalie Lamire Fabre s'est rapprochée des Chartrons, dans un ancien chai aux lignes contemporaines. Ses expos sont à voir. Même si la photo reste sa grande affaire, elle cadre aussi plus large, vers l'art contemporain. (☎ 05 35 40 11 05 ; arretsurlimage.fr ; 45 cours du Médoc ; ⏱ mar-sam 14h30-18h30 ; 🚋 B Cours-du-Médoc)

Se restaurer

Halles de Bacalan MARCHÉ COUVERT €

 Plan K4

Face à la Cité du Vin, ces nouvelles halles ont bien vite séduit les Bordelais : il vaut mieux arriver tôt pour espérer trouver un comptoir libre. À L'Échoppe des Halles, près de l'écailler, optez sans sourciller pour la savoureuse planche d'entrecôte à la bordelaise. Ou demandez à faire cuire votre pièce de viande achetée chez le boucher à côté. Entre tapas, huîtres, épicerie italienne et foie gras des Landes (de la Maison Paris), il y a de quoi satisfaire les envies gourmandes. (☎ 05 56 80 63 65 ; biltoki.com/hallesbacalan ; 10 esplanade de Pontac ; ⏱ mar-ven 8h-14h30 et 17h30-20h30, jeu-ven 8h-14h30 et 17h30-22h, sam 8h-22h, dim 8h-15h ; 🚋 B La-Cité-du-Vin)

Le Bar de la Marine COIN DE VERDURE €

202 Plan L3

Ce havre de paix est la promesse d'un repas entre figuiers et lilas des Indes en été. L'espace a été repensé par les fondateurs du Garage

100% bordelais
Soucoupe volante et mystérieuses épaves

Son arrivée à l'entrée du bassin n°1 est annoncée pour juin 2018. Avant même de se poser, le *Vaisseau spatial*, sculpture monumentale de la Britannique Suzanne Treister, a suscité quelques polémiques. L'artiste a d'abord dû abandonner son nom originel, *Vril*, trop connoté dans un quartier qui a subi l'occupation allemande. C'est en apercevant les fameuses épaves de la Garonne qu'elle a eu l'idée de cette soucoupe en Inox positionnée au-dessus de l'eau, symbolisant la renaissance. Dans un fleuve où, à marée basse, d'étonnantes épaves apparaissent encore ici et là, témoignant du sabordage de navires par la marine allemande en août 1944.

Moderne. La cuisine, délicieuse et sans prétention (mezze, brousse à la confiture de myrtilles…), est préparée avec des produits de choix. Un lieu magique, tout comme les prix. (05 56 50 58 01 ; 28 rue Achard ; lun-ven 12h-14h30 et certains soirs selon les événements ; B Rue-Achard)

Les Tontons
CANTINE VITAMINÉE €

 Plan K5

Au pied du pont Chaban-Delmas, les Tontons sont vite devenus la cantine de nombreux Bordelais travaillant dans le quartier grâce à des plats gourmands (sur place ou à emporter), qui ne malmènent pas le porte-monnaie. Présentés sous forme de buffet, les entrées et desserts n'en sont pas moins de qualité (crudités et fruits frais, crumble, pudding, clafoutis). Formules à partir de 11,50 €. (05 56 04 74 56 ; www.lestontons-restaurant.com ; 118 quai de Bacalan ; lun-mar 8h-19h, mer-ven 8h-23h45, sam-dim 10h-23h45 ; B La-Cité-du-Vin)

Sortir

I.Boat
SOIRÉES DIVERSES

204 Plan J3

Un projet de l'équipe du Batofar parisien : une programmation éclectique et pluridisciplinaire (scène alternative, pop, rock, arts visuels et numériques ou clubbing électro) et une cuisine du marché ou spéciale *finger food*, sur un ferry de 3 étages amarré dans le port de la Lune. Si le temps le permet, profitez du pont inférieur et de la vue. (05 56 10 48 35, restaurant 05 56 10 48 37 ; www.iboat.eu ; quai Armand-Lalande, bassin à flot n°1 ; concerts 19h-23h, club 23h30-6h, restaurant lun 12h-14h, mar-ven 12h-14h et 19h-23h, sam 19h-23h ; B La-Cité-du-Vin)

La Dame
RESTAURANT-CLUB

205 Plan J3

Une autre péniche amarrée sur les Bassins à flot, et un lieu couru pour faire la fête. Comme chez son voisin, on peut aussi y manger, dans une déco design et plutôt reposante. (05 57 10 20 50 ; www.ladamebordeaux.com ; 1 quai Armand-Lalande, bassin à flot n°1 ; lun-mer 10h-15h et 17h-2h, jusqu'à 6h jeu-ven, sam 23h-6h, club ven-sam ; B La-Cité-du-Vin)

Le Garage Moderne
LIEU CULTUREL ALTERNATIF

206 Plan K3

Un vrai garage de mécanique auto, associatif et participatif, aménagé dans une ancienne raffinerie d'huile. Mais aussi un lieu d'art (expos, théâtre, projections…). Unique ? Sans aucun doute. (05 56 50 91 33 ; www.legaragemoderne.org ; 1 rue des Étrangers ; garage lun-ven 9h-12h et 14h-18h, sam 10h-13h et 14h-18h, fermé mar matin, le soir selon programme ; B Rue-Achard)

Shopping
Quai des Marques
GALERIE MARCHANDE

207 Plan F2

Une vingtaine de magasins dans cinq hangars des quais, avec des articles de marque (linge de maison, vêtements, meubles design…) à prix réduits. (05 57 87 30 08 ; www.quaidesmarques.com ; hangars n°s 15 à 19, quai des Chartrons ; tlj 10h-19h ; B Cours-du-Médoc ou Les-Hangars)

Sports et activités
Wave Surf Café
VAGUE INDOOR

Hors plan D1

Surfer pendant la pause déjeuner à Bordeaux ? C'est désormais possible. Ici, les novices apprennent à maîtriser les vagues et les champions s'entretiennent. Les sensations sont différentes de celles ressenties sur l'océan, mais l'expérience est agréable. On peut même prendre un verre et grignoter des tapas. (09 83 29 67 74 ; www.wave-surf-cafe.fr ; 174 cours du Médoc, galerie Tatry ; découverte 1 heure 24 €, Free 30 min/1 heure 13,50/25 € ; lun 14h-20h et mar-dim 10h-20h ; C Grand-Parc)

Bat³ (BatCub)
AU FIL DE L'EAU

208 Plan F3 et K5

Pour approcher la Cité du Vin en bateau, embarquez aux Quinconces ou, depuis la rive droite, à Stalingrad. Arrêt aux Hangars ; possibilité d'aller jusqu'à Lormont. (05 57 57 88 88 ; infotbm.com ; ticket 1,60 € ; lun-ven 7h-19h30, sam-dim 8h45-20h ; arrêt Les-Hangars ou Cité-du-Vin)

Vous avez le pied marin ? Cap sur l'I.Boat !

Explorer

Du Jardin public à Saint-Seurin

Ce secteur résidentiel, à l'écart des circuits traditionnels, dissimule bien son jeu : de part et d'autre de la rue Fondaudège – une artère commerçante bruyante et plutôt quelconque filant vers les boulevards, qui sera bientôt équipée d'une nouvelle ligne de tramway – se cachent des rues bordées de maisons cossues et de beaux hôtels particuliers.

Explorer

L'essentiel en un jour

☼ Profitez du calme matinal pour arpenter tranquillement les allées du **Jardin public** (p. 122). Aux beaux jours, les Bordelais s'y prélassent un livre à la main. Et pourquoi ne pas partir à la recherche de son magnolia géant ? Si vous êtes avec des enfants, allez faire coucou à Miss Fanny, la fameuse éléphante du **Muséum de Bordeaux** (p. 126).

☀ Pour le déjeuner, optez pour un **food truck** (p. 162) sur la place Paul-Doumer ou rendez-vous à **L'Air de Famille** (p. 128), une adresse discrète que l'on apprécie pour son accueil et sa bonne cuisine du marché. Il sera alors temps de vous diriger vers l'**Institut culturel Bernard-Magrez** (p. 126), adresse incontournable pour les amateurs d'art contemporain. Sur le chemin du retour, arrêtez-vous à la **cave Briau** (p. 130), toujours de bon conseil, pour faire quelques emplettes de vin. Rejoignez ensuite les ruines du **palais Gallien** (p. 126) et laissez-vous gagner par l'atmosphère romantique de la fin d'après-midi.

☽ Terminez cette journée par un coup d'œil à la **basilique Saint-Seurin** (p. 124), avant d'aller vous réchauffer avec un cidre ou une pinte de Kilkenny à l'**Oxford Arms** (p. 130). Pour dîner italien, le **Tentazioni** (p. 128) est une belle adresse. Les amateurs de fromage opteront pour **Baud & Millet** (p. 128).

○ 100% bordelais

Le Jardin public (p. 122)

Le Parc bordelais (p. 131)

La basilique Saint-Seurin (p. 124)

♥ Le meilleur du quartier

Sites
Palais Gallien (p. 126)

Institut culturel Bernard-Magrez (p. 126)

Shopping
Lilou Rose (p. 130)

Sport Vintage (p. 130)

Restaurants
Une cuisine en ville (p. 129)

Tentazioni (p. 128)

Le Soléna (p. 129)

Comment y aller

🚊 **Tramway** B Gambetta ou Jardin-Public, C Jardin-Public

Les incontournables
Le Jardin public

Ses péristyles et ses pelouses, son jardin botanique et son cours d'eau font de ce grand parc un délice du genre. Aménagé à l'initiative de l'intendant Tourny et achevé en 1746, il comprenait à l'origine une école d'équitation et un espace dédié au jeu de paume. Il fut réaménagé dans un style anglais au XIXe siècle. Très prisé des Bordelais, ce vaste espace vert mérite une visite.

Plan D2

Cours de Verdun

lun-dim à partir de 7h, fermeture selon saison

C Jardin-Public

Le Jardin public

À ne pas manquer

Le coin des petits et des grands
Au moindre rayon de soleil, les pelouses du Jardin public se transforment en terrain de jeu et de détente. On y emmène les enfants observer les cygnes, les oies et les canards, faire un tour de **manège** ou assister au **spectacle de Guignol** (06 84 18 88 18 ; www.guignolguerin.fr ; sept-juin mer, sam, dim et vacances scolaires 15h30 ; 25 min ; près de l'entrée cours de Verdun).

Jardin remarquable de France
Créé en 1746, le Jardin public s'étend sur 10,8 ha. Conçu d'abord par Ange-Jacques Gabriel comme un jardin à la française, il fut redessiné en 1858 par le paysagiste bordelais L. B. Fischer dans un style anglais. Labellisé "Jardin remarquable de France", il abrite aujourd'hui encore une trentaine d'espèces végétales exceptionnelles. Parmi ses autres éléments notables, vous remarquerez les deux grilles en fer forgé classées Monuments historiques, trois ponts, les statues érigées sur les terrasses (dont celle de l'artiste peintre Rosa Bonheur, réalisée par Gaston Veuvenot Leroux), les balustres entourant ces terrasses, l'hôtel de Lisleferme, édifié par Bonfin en 1781, qui accueille le **Muséum d'histoire naturelle** (p. 126), et un bâtiment de 1858, qui est désormais le domaine des gardes et des jardiniers.

Le Jardin botanique
Le **Jardin botanique** (05 56 52 18 77 ; place Bardineau ; lun-dim été 8h-20h, hiver 8h-18h) fut à l'origine créé pour les médecins et les apothicaires. Il occupa plusieurs sites au XVIIIe siècle, avant d'être transféré dans l'enceinte du Jardin public en 1858. Ses grandes serres furent détruites dans les années 1930 et un nouvel espace (p. 135) fut inauguré sur la rive droite en 2003. Toutefois, celui-ci a conservé son charme.

☑ À savoir
▶ Vous trouverez des QR codes un peu partout dans le jardin qui vous permettront d'accéder avec votre smartphone à des renseignements sur les plantes, les arbres et les oiseaux.

✕ Une petite faim ?
Petits et grands apprécieront une pause déjeuner ou goûter à l'**Orangerie** (p. 129), installée sous l'un des péristyles, près de l'entrée principale, côté cours de Verdun.

Les incontournables
La basilique Saint-Seurin

Plus austère et plus massive que les autres édifices religieux de la ville, cette église n'en est pas moins un joyau d'architecture. Située sur le chemin de Saint-Jacques-de-Compostelle, elle est inscrite depuis 1999 au patrimoine mondial de l'Unesco. Des fouilles réalisées en 1910 révélèrent une nécropole aux sépultures superposées. Ces dernières, datées du IVe au XVIIIe siècle, font du site de Saint-Seurin le probable berceau du christianisme bordelais.

- Plan A4
- 05 56 48 22 08
- Place des Martyrs-de-la-Résistance
- mar-dim 8h30-19h45
- 1 Martyrs-de-la-Résistance, 2,3 ou 16 Église-Saint-Seurin
- A Mériadeck, B Gambetta

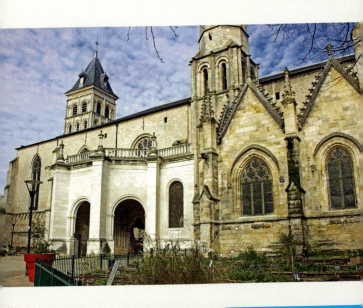

La basilique Saint-Seurin

À ne pas manquer

Bâtiment principal

La basilique aurait été édifiée au VIe siècle. Toutefois, les éléments les plus anciens visibles aujourd'hui, de style roman, datent du XIIe siècle (notamment les chapiteaux du porche occidental).

À l'intérieur, les piliers de la nef frappent par leur allure massive. Seule la **chapelle Notre-Dame-de-Bonne-Nouvelle** a gardé son aspect originel, du XIVe siècle (la Vierge en albâtre, colorée, date aussi de cette période). Dans le chœur, remarquez notamment le sarcophage de saint Seurin, au centre, la chaire épiscopale en pierre ciselée et les 32 stalles de bois sombre. À gauche du chœur, la **chapelle Notre-Dame-de-la-Rose** (XVe siècle) est un superbe exemple d'ornementation de style gothique flamboyant : notez la finesse des sculptures, des clés de voûte et du retable (XVe siècle) en albâtre blanc.

La crypte de la basilique

Cette crypte aurait servi de basilique funéraire à la première église de Bordeaux. On y trouve des sarcophages mérovingiens en marbre des Pyrénées, le tombeau de saint Fort et un étonnant autel taurobolique du IIe siècle. Au Moyen Âge, elle était une étape du pèlerinage de Saint-Jacques-de-Compostelle.

La nécropole

Au temps des premiers chrétiens, une **nécropole** (lun-dim 13h-18h juin-sept) s'étendait sur tout l'espace aujourd'hui occupé par la place des Martyrs-de-la-Résistance. Le site de Saint-Seurin en est un vestige. On peut y observer un ensemble de sarcophages, dont les plus anciens remontent au IVe siècle, ainsi que des fresques paléochrétiennes. Des sarcophages de pierre ou de marbre, ainsi que des amphores dans lesquelles étaient inhumés des enfants, ont conservé leur place initiale.

☑ À savoir

▶ Des visites guidées de la basilique sont organisées par l'association **Ars et Fides** (05 56 87 17 18 ; sam 14h-17h30, sam-dim juil-août).

▶ En juillet et août, l'**office du tourisme** (05 56 00 66 00 ; www.bordeaux-tourisme.com ; tarif plein.réduit 5/2,50 €, gratuit - 12 ans ; jeu 21h30) propose des visites nocturnes du site archéologique de Saint-Seurin.

▶ Selon la légende, les cœurs des preux de Charlemagne auraient été enterrés dans la nécropole.

✗ Une petite faim ?

À quelques rues de là, **Koeben** (p. 127) propose une escale scandinave adaptée aux petits et grands appétits, avec de bonnes tartines et pâtisseries.

Voir

Muséum de Bordeaux — HISTOIRE NATURELLE

 Plan C2

Après plusieurs années de chantier, le muséum d'histoire naturelle présente une architecture et une muséographie totalement repensées. À découvrir à partir de novembre 2018. De nombreux animaux ont été restaurés, à l'image de l'éléphant Miss Fanny, éternelle mascotte des lieux, et du squelette de baleine bleue que l'on peut à présent admirer dans son ensemble, suspendu au plafond de la salle d'exposition permanente. Nouvelle conception également pour le parcours, tant au niveau de l'approche thématique que des supports, plus multimédias. Et aussi : des expositions temporaires et un espace dédié aux petits visiteurs de moins de 6 ans. (05 56 48 29 86 ; 5 place Bardineau ; réouverture nov 2018 ; C Jardin-Public)

Palais Gallien — VESTIGES GALLO-ROMAINS

210 Plan B2

Ce "palais" est la principale trace visible de l'antique Burdigala : il s'agit des vestiges d'un amphithéâtre gallo-romain, qui aurait été construit au IIIe siècle en hommage à l'empereur Gallien. Il ne reste que quelques arcades alternant pierres et briques, sur deux niveaux, de ce qui fut un monument aux dimensions imposantes, qui pouvait accueillir 15 000 spectateurs. Bien que modestes, ces ruines dégagent une atmosphère romantique, surtout de nuit lorsque le site est éclairé. On peut les observer depuis la rue du docteur Albert Barraud et la rue du Colisée – pour deux points de vue différents qui se complètent bien sur la porte du Couchant. (rue du docteur Albert Barraud ; visite guidée/nocturne 3/5 € ; visite guidée lun-dim 10h30 et 15h30 juin-sept, visite nocturne sam 21h30 juil-août sur réservation auprès de l'office du tourisme ; 26 Palais-Gallien)

Institut culturel Bernard-Magrez — ART CONTEMPORAIN

 Hors plan A1

Cet institut dévolu à l'art moderne et contemporain et à la création artistique a ouvert ses portes en 2011 au château Labottière à l'initiative de Bernard Magrez, homme d'affaires et propriétaire de cet hôtel particulier

---

Comprendre
Les allées Damour

Les allées Damour, comme s'appelait à l'origine la place des Martyrs-de-la-Résistance, ne faisaient aucunement référence à une jolie histoire romantique : Damour était le nom d'un chanoine de Saint-Serin qui, en 1692, aurait fait aménager la place. Auparavant, cette dernière était en grande partie occupée par le cimetière.

Se restaurer

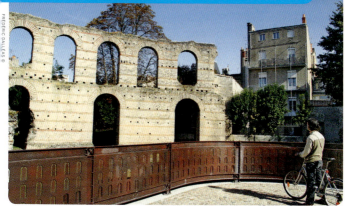

Les ruines du palais Gallien sont les derniers vestiges de l'antique Burdigala

et de grands crus bordelais. Outre de belles expositions (trois dans l'année en moyenne), des rencontres, concerts et conférences y sont organisés. L'institut accueille également des résidences d'artistes. Des ateliers créatifs ouverts à tous les publics sont proposés le samedi à 15h, sur réservation. (☎ 05 56 81 72 77 ; www.institut-bernard-magrez.com ; 16 rue de Tivoli ; tarif plein/réduit 8/6 €, gratuit - 12 ans et 1er dim du mois ; ⏱ ven-dim 13h-18h, visite guidée sam 16h ; 🚌 5, 6, 56 Labottière ou 29 Godard)

Marché de Lerme   EXPOSITIONS

211 Plan A2

Dessiné au XIXe siècle par Charles Burguet, ce marché fut longtemps central dans la vie du quartier. Après avoir été abandonné, à la suite d'une importante dégradation de ses parties métalliques, il fut rénové en 2011. Aujourd'hui, la structure en fonte et les étals de marbre sont de nouveau en place. Mais les Bordelais n'y font plus leurs courses : ils viennent y voir des expositions, puisqu'il s'agit désormais d'un espace culturel. (place de Lerme ; gratuit ; ⏱ selon expo ; 🚌 26 Naujac ou 5, 6, 29, 56 Paulin)

Se restaurer

Koeben   SCANDINAVE €€

 Plan C5

Cuisine danoise et déco scandinave, ce petit restaurant n'a pas froid aux yeux. Il sert exclusivement du *home made* et c'est adossé à de jolies peaux de mouton que l'on nous propose de déguster les traditionnelles smørrebrød (tartines de pain noir garnies de saumon, hareng ou viande froide, et agrémentées de petits légumes et condiments). À la fin du repas, la cannelle et le miel viennent délicatement parfumer de savoureux desserts. Brunch (33 €) le dimanche. (📞 09 86 15 02 20 ; www.koeben.com ; 32 rue du Palais-Gallien ; 🕐 mar-mer 9h-19h, jeu-sam 9h-21h30, dim 11h30-15h30 ; 🚌 B Gambetta).

L'Air de Famille   CUISINE DE MARCHÉ €€

On passerait presque devant sans le voir. N'hésitez pourtant pas à pousser la porte de cet Air de Famille bien séduisant, avec son menu de la semaine (18 € le midi, 33 € le soir) qui colle aux envies de saison. Aux beaux jours, quelques tables sont dressées dehors, à l'arrière de la maison. (📞 05 56 52 13 69 ; lairdefamillebordeaux.com ; 15 rue Albert Pitres ; 🕐 mer-ven 12h-14h et 19h30-21h30, mar et sam 19h30-21h30 ; 🚌 C Place-Paul-Doumer).

Tentazioni   ITALIEN €€€
214 Plan B4

De la fine cuisine italienne dans un cadre tendance : difficile de ne pas céder à la tentation. Le soir, le cœur valse entre le menu tradition (poulpe grillé, spaghettis aux palourdes, escalope de veau…) et le menu innovation en quatre ou six temps, qui s'inspire – et revisite ! – des recettes traditionnelles italiennes. À noter : formule du midi à 20 € et bon choix de vins. (📞 05 56 52 62 12 ou 06 79 80 14 59 ; www.tentazioni-bordeaux.fr ; 59 rue du Palais-Gallien ; 🕐 mar-sam 12h-13h30 et 19h30-21h30 ; 🚌 B Gambetta).

Baud & Millet   FROMAGE €€€
215 Plan C4

Le fromage sous toutes ses formes. Raclette, fondue, mais aussi camembert au lait cru flambé au calvados, tomme de Savoie aux morilles ou choucroute au munster. En tout : une centaine de fromages AOP à déguster tranquillement dans la cave d'affinage et plus de 600 références de vins. Réservez. (📞 05 56 79 05 77 ; baudetmillet.com ; 19 rue Huguerie ; 🕐 lun-sam 10h-23h ; 🚌 1 à 6 Tourny, 🚌 B Gambetta)

🔴 100% bordelais
Des félidés de charme

Dans le quartier, d'étranges chats surveillent les passants, toujours dans la même posture assise. Ces félins de pierre qui ornent les façades sont l'œuvre de Jean-Jacques Valleton (1841-1916). Sa passion pour les chats incita cet architecte bordelais à orner de félins certaines de ses constructions et cela devint même sa marque de fabrique. Alors, levez les yeux et soyez aux aguets, au **16 rue Saint-Étienne** (252 ⊙ Plan A4) et au **109 rue Jean-Soula** (⊙ Hors plan A4), de part et d'autre du fronton-horloge du lycée Camille-Jullian, notamment.

Prendre un verre

Une cuisine en ville NÉO BISTROT €€€

 216 Plan B4

Une cuisine créative et une carte courte : voici qui est plutôt bon signe. Philippe Lagraula a quitté Dax pour installer à Bordeaux l'une des meilleures tables bistrot de la ville. Au menu, foie gras poêlé, crème douce d'Aji Amarillo, oseille et câpres, encornet frais noisettes et romarin, pêche de la criée… La femme du chef, qui est péruvienne, n'hésite pas à mettre son grain de sel au menu. Un bonheur… (05 56 44 70 93 ; www.une-cuisine-en-ville.com ; 77 rue du Palais-Gallien ; mar-sam 12h-14h et 19h30-22h ; B Gambetta)

Le Soléna CUISINE CRÉATIVE €€€

 Hors plan A5

Cette adresse un peu excentrée mérite décidément le détour. Repris par Victor Ostronzec, l'établissement poursuit sa belle histoire avec une inventivité toujours au rendez-vous, qui s'apprécie lors de menus à choisir pour l'ensemble de la table – peut-être le seul défaut à notre sens. Une formule midi (24 €) en deux temps est proposée les jeudis et vendredis. (05 57 53 28 06 ; www.solena-restaurant.com ; 5 rue Chauffour ; jeu-ven 12h-13h30 et 19h45-21h ; 1, 16, 26 Piscine-Judaïque, A Saint-Bruno/Hôtel-de-Région)

Julien Cruège CUISINE CRÉATIVE €€€

 Hors plan A3

À l'écart du centre-ville, un jardin fleuri en été, une salle plutôt design pour les jours plus froids et une cuisine inventive qui change au cours des saisons. Le lieu est chaleureux et le service irréprochable. Quant au rapport qualité/prix, il est excellent, avec des menus qui restent abordables. (05 56 81 97 86 ; www.juliencruege.fr ; 245 rue Turenne ; lun-ven 12h-13h30 et 19h30-22h ; 2, 3 Bel-Orme ou 9 Barrière-Saint-Médard)

Prendre un verre

L'Orangerie du Jardin public SALON DE THÉ

Voir Jardin public Plan D2

Dès que le soleil darde ses rayons, sa terrasse surplombant le jardin est l'un des endroits les plus agréables

La terrasse de l'Orangerie du Jardin public

de la ville pour boire un verre. (☎05 56 48 24 41 ; www.lorangeriedebordeaux.com ; Jardin public entrée cours de Verdun ; ⊙lun-dim 9h-30 min avant fermeture du jardin ; 🚌C Jardin-Public)

The Wine Bar
BAR A VINS

217 Plan C5

Une belle sélection de vins et des conseils avisés, pour un lieu chic et agréable, dans un hôtel au luxe discret. L'originalité de la dégustation à l'aveugle pour le choix du vin apporte une petite touche ludique, mais attention à la note. Vous pourrez revenir pour l'excellent brunch du dimanche. L'été, la cour intérieure est particulièrement paisible et ombragée. (☎05 56 48 80 40 ; www.hotelbordeauxcentre.com ; Le Boutique Hotel, 3 rue Lafaurie-Monbadon ; ⊙lun-sam 18h30-23h30, dim 11h-15h pour le brunch et 19h-22h ; 🚌3 Gambetta, B Gambetta)

Oxford Arms
PUB

218 Plan B5

Un authentique pub anglais. D'ailleurs, la déco ne trompe pas : jeu de fléchettes, bibliothèques bien garnies et drapeaux flottant au plafond… bref, une ambiance chaleureuse. On s'y retrouve entre amis, autour d'une pinte, et les plus gourmands ne résistent pas à l'appel d'un bon burger ou du traditionnel *fish and chips*. (☎05 56 51 41 48 ; 9 place des Martyrs-de-la-Résistance ; ⊙lun 10h30-1h, mar-sam 10h30-2h, dim 17h-1h ; 🚌1 Martyrs-de-la-Résistance, 2, 3, 16 Église-Saint-Seurin, 🚌A Mériadeck, B Gambetta)

Shopping

Lilou Rose
MODE

219 Plan C4

L'endroit idéal pour vous concocter un dressing digne de ce nom, sans pour autant trouer votre porte-monnaie. Pulls, tuniques, petites robes, pantalons, accessoires et une jolie collection de sacs à main en cuir. (☎05 33 05 79 38 ; 28 rue Huguerie ; ⊙mar-sam 10h30-13h30 et 14h30-18h30 ; 🚌1 à 6 Tourny, 🚌B Gambetta)

Sport Vintage
VINTAGE

220 Plan C2

Des maillots de foot et de rugby réédités : que de petits trésors pour les adeptes du ballon version rétro. On peut y dénicher un maillot des Girondins de 1941 ou du Celtic Glasgow de 1915, et même des vestes de survêtement version *eighties*. Des années 1950 aux années 1990, de très jolies pièces à l'effigie des clubs du monde entier. (☎06 68 85 19 98 ; www.sport-vintage.com ; 93 rue Fondaudège ; ⊙lun-ven 14h-18h, sam 15h-18h ; 🚌5, 6, 26, 29, 56 Gruet, 🚌C Jardin-Public)

Cave Briau
VINS ET SPIRITUEUX

 Hors plan B1

Une vaste sélection, une large gamme de prix et des conseils justes : tous les ingrédients réunis pour une adresse incontournable. Et pour ceux qui voudraient ramener du vin en caisse, un parking est à disposition. (☎05 56 79 25 71 ; www.briau.com ; 94 rue David-Johnston ; ⊙lun-sam 9h-12h30 et 14h-19h30 ; 🚌5N, 6, 29, 56 Temps-Passé)

Sports et activités

Piscine judaïque
BAIGNADE

 Hors plan A5

Joyau Art déco, cette piscine inscrite aux Monuments historiques, inaugurée en 1935 et rénovée à la fin des années 1990, réunit un bassin de 50 m (toit ouvrant pour l'été et transats à disposition), un autre de 25 m, un solarium, un spa, une pataugeoire et un toboggan pour les enfants. (☎05 56 51 48 31/05 56 51 97 47 ; 164 rue Judaïque ; tarif plein/réduit hors résidents bordelais 4,95/3,55 €, gratuit - 3 ans ; ⊙infos horaires et fermetures techniques sur www.bordeaux.fr)

Parc bordelais
ESPACE VERT

 Hors plan A2

C'est, avec le Jardin public, le parc familial par excellence pour les balades du dimanche. On peut, ici aussi, assister aux **spectacles de Guignol** (☎06 84 18 88 18 ; www.guignolguerin.fr ; ⊙sept-juin mer, sam, dim et tlj vacances scolaires 16h ou 17h ; 25 min ; entrées rue Godard ou rue du Bocage). On y trouve en outre de nombreuses attractions pour les enfants, dont des voitures électriques et un petit train, des manèges et même un parc avec des animaux de la ferme. (rue du Bocage ; ⊙lun-dim à partir de 7h, fermeture selon saison)

Chez Lilou Rose

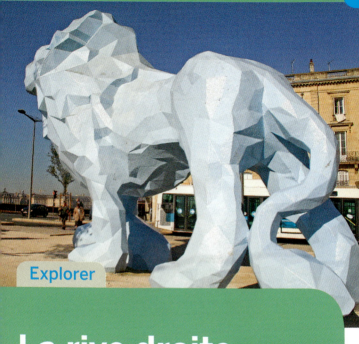

Explorer

La rive droite

Depuis plusieurs années, les habitants de la Bastide (autre nom de la rive droite) se sentent plus proches du centre historique, et ceux de la rive gauche traversent plus volontiers la Garonne pour rejoindre le quai de Queyries. Et profiter, entre autres, de la promenade ombragée longeant le fleuve et de la vue magnifique sur l'ensemble de la façade des quais.

Explorer

L'essentiel en un jour

À pied ou à vélo, traversez le fleuve par le **pont de Pierre** (p. 136). Vous serez accueilli place Stalingrad par *Le Lion Bleu*, œuvre monumentale de Xavier Veilhan. Empruntez l'avenue Thiers et, au niveau de la rue Pineau, tournez à gauche en direction de l'église Sainte-Marie de la Bastide, que l'on doit à l'architecte du Sacré-Cœur de Paris (Paul Abadie) – certains y voient quelques traits de ressemblance. Vous serez alors à pied d'œuvre pour découvrir les serres tropicales du **Jardin botanique** (p. 135).

Remontez les allées du jardin en direction des quais. À l'heure du déjeuner, cap sur l'**écosystème Darwin** (p. 136), pour un bon repas au Bistrot-Réfectoire ou à l'Épicerie du **Magasin Général** (p. 138). Musardez ensuite dans la friche, en levant les yeux pour admirer les graffs. Envie d'une sieste littéraire ? Passez à la librairie l'**Autre Passeur** (p. 141), puis filez vous allonger sur les pelouses face à la Garonne.

Le soir, admirez le coucher du soleil sur la rive gauche. Aux beaux jours, poursuivez la journée en plein air à la **guinguette Chez Alriq** (p. 139). Mais s'il pleut, optez pour un verre au **Central Pub** (p. 139) et un film au **Mégarama** (p. 140). Avant de reprendre le tramway place Stalingrad, profitez de la vue sur le vieux Bordeaux, dont les plus beaux monuments sont illuminés. Juste magique.

Les incontournables

Le quai de Queyries (p. 134)

Le meilleur du quartier

Promenades
Écosystème Darwin (p. 136)

Le parc aux Angéliques (p. 135)

Restaurants
La Petite Gironde (p. 138)

Bistrot-Réfectoire du Magasin Général (p. 138)

L'Estacade (p. 139)

Comment y aller

Tramway A station Stalingrad

Bat³ (BatCub) Liaisons régulières entre les Quinconces ou Les Hangars (rive gauche) et Stalingrad (rive droite). (infotbm.com ; 1,60 € ; ⏱lun-ven 7h-19h, sam-dim et jours fériés 8h-19h ; Quinconces-Stalingrad toutes les 15 min ; Stalingrad-Quinconces-Les-Hangars toutes les 45 min)

Les incontournables
Le quai de Queyries

La rive droite, c'est le Bordeaux du XXIe siècle qui s'invente. Le quartier a bénéficié d'un plan de réaménagement important avec la mise en valeur de la promenade longeant la Garonne et l'ouverture d'un jardin botanique de 11 ha. Les nouveaux immeubles ont été édifiés dans un souci d'harmonisation du paysage urbain. Les projets, de plus en plus nombreux, tendent à redynamiser, encore et toujours, ce secteur longtemps oublié.

- Plan H5
- A Stalingrad
- Bat³ (BatCub) depuis les Quinconces

Le quai de Queyries

À ne pas manquer

Le parc aux Angéliques

Symbole de la reconquête des berges, cette agréable promenade longe la rive droite de la Garonne à l'emplacement de l'ancien port autonome – comme en témoignent des traces de voies ferrées. Elle part du pont de Pierre et s'achève au pont Chaban-Delmas, dévoilant un panorama inégalé des façades du XVIIIe siècle, de l'autre côté. Progressivement végétalisée – son nom est une référence à l'angélique des estuaires, une plante rare de la famille des apiacées –, elle alterne sur 30 ha pelouses fleuries et espaces arborés. Les arbres sont plantés perpendiculairement au fleuve : fruitiers, saules, peupliers, chênes, merisiers… Le paysagiste Michel Desvigne a multiplié les essences. De quoi faire le bonheur des promeneurs et des sportifs. Aux beaux jours, c'est aussi un rendez-vous de pique-nique très prisé. Jeu de quilles bienvenu !

Le Jardin botanique

Le **Jardin botanique** (05 56 52 18 77 ; www.jardin-botanique-bordeaux.fr ; entrées esplanade Linné – infos –, allée Serr, quai de Queyries et allée Jean-Giono ; accès aux serres et salles d'expo tarif plein/réduit 4/2 €, gratuit - 18 ans et 1er dim du mois ; serres et salles d'expo mar-dim 11h-18h, jardin extérieur lun-dim été 8h-20h, hiver 8h-18h ; A Jardin-Botanique) de la Bastide est une extension de celui du Jardin public (p. 122). Depuis l'entrée du quai de Queyries, on commence par longer un plan d'eau et des petits bassins où poussent des plantes aquatiques, avant de traverser différentes parcelles, illustrant 11 types de paysages naturels du Bassin aquitain, puis une pelouse manucurée, des carrés de végétation aux thèmes variés (plantes aromatiques, plantes à alcool, plantes sucrières, etc.) et un verger. L'ensemble mène à la Cité botanique, où de vastes serres sont dédiées aux espèces propres au climat méditerranéen.

☑ À savoir

▶ Tous les dimanches de 16h à 17h, visite gratuite du Jardin botanique et des serres. Départ de l'accueil.

▶ Des expositions se tiennent régulièrement à la Cité botanique.

▶ City-stade (accès libre) au niveau de la rue Reigner ; terrain de basket à proximité du restaurant La Petite Gironde.

▶ De l'autre côté du pont de Pierre, la séquence Deschamps s'inscrit dans le prolongement du parc aux Angéliques, avec une pergola recouverte de glycine.

▶ Une piste cyclable longe les quais. La balade des deux ponts est une boucle de 6,7 km, passant par le pont de Pierre et le pont Chaban-Delmas.

✘ Une petite faim ?

Aux beaux jours, optez pour un pique-nique ! Sinon, direction le Bistrot-Réfectoire du **Magasin Général** (p. 138).

Voir

Pont de Pierre PATRIMOINE HISTORIQUE

221 Plan I7

Conçu par les ingénieurs Deschamps – à qui l'on doit le CAPC (p. 104) – et Billaudel entre 1810 et 1822, sur ordre de Napoléon Ier, le pont de Pierre fut non seulement le premier construit en ville, mais aussi le premier à traverser la Garonne. Long de 486 m, il possède 17 arches, évoquant le nombre de lettres dans "Napoléon Bonaparte". La ville multiplie les expérimentations pour le fermer aux voitures. (rive gauche A ou C Porte-de-Bourgogne ; rive droite A Stalingrad)

Écosystème Darwin FRICHE URBAINE

222 Plan J2

Ils en ont fait du chemin les Darwiniens, depuis qu'ils ont investi l'ancienne caserne militaire Niel ! Au fil des éco-rénovations, un lieu hybride et alternatif a pris forme, et a totalement changé le visage de la rive droite. Fer de lance du renouveau de la Bastide, on y vient pour travailler, manger bio ou prendre un verre, faire du sport ou la fête, s'engager, voir un film en plein air, se réchauffer l'hiver autour d'un brasero... Certains diront que l'esprit graff et *street art* recule (ne manquez pas l'allée investie par les graffeurs). Pour autant, Darwin regorge de projets. Même si les relations avec la ville ne sont pas toujours simples. (05 56 77 52 06 ; darwin.camp ; 87 quai de Queyries ; réservation en ligne de visites guidées adulte/enfant 10/5 € ; 45, 50, 91, 92 Hortense, A Stalingrad ou Jardin-Botanique)

Ancienne gare de Bordeaux-Bastide PATRIMOINE HISTORIQUE

223 Plan I6

Inaugurée en 1852, cette ancienne gare réalisée par l'architecte Darru et l'ingénieur Pépin-le-Haleur reliait Bordeaux à Paris. Face au fleuve, son corps central était flanqué de deux ailes. Au centre, une grande halle de verre et de fer (démontée en 1940) accueillait les voyageurs. Exemple d'architecture néoclassique, la gare fut supplantée dès la fin du XIXe siècle par la gare Saint-Jean. Inscrite en partie au titre des Monuments historiques depuis 1984, elle accueille un cinéma et des restaurants. (quai de Queyries ; A Stalingrad)

Fabrique Pola COLLECTIF D'ARTISTES

Hors plan K1

Voici plusieurs années que ce dynamique collectif d'artistes (et bien plus encore) est annoncé à Brazza. Le déménagement dans une ancienne fabrique de peinture devait enfin se concrétiser courant 2018, et Pola trouver une structure à son envergure. Pour que projets et œuvres continuent de prendre forme : sérigraphie, sculpture, photo, édition ; refuges périurbains, performances, installations... L'association Zébra 3/Buy Self, qui se positionne depuis 20 ans comme une alternative aux galeries d'art, fait partie des structures résidentes. Outre des expositions régulières, une boutique et une cafétéria sont également prévues. (09 66 04 61 99 ; www.pola.fr ; 10 quai de Brazza ; 45, 50, 91, 92 Quai-de-Brazza)

La Petite Gironde (p. 138), au bord de la Garonne

La Chiffonne Rit LIEU D'ART

 Hors plan L5

Un espace partagé pour des artistes et artisans (ferronnerie, menuiserie, design, peinture…) travaillant essentiellement à partir de matériaux de récupération. Des ateliers sont proposés ; café associatif et expositions sur place. (☎ 05 24 54 70 47 ; www.lachiffonnerit.jimdo.com ; 77 rue Reinette ; ⊙ lun-ven 9h-18h, sam 14h-18h ; 🚋 A Galin)

Se restaurer

Le Garde Manger GOURMAND €

224 Plan J6

De la restauration rapide de qualité ? C'est ce que propose l'annexe de la Petite Gironde (p. 138) avec des salades, sandwichs, wraps, veloutés, desserts… Des formules gourmandes et de saison, à savourer sur place ou au bord de la Garonne. (☎ 09 81 68 13 92 ; www.lapetitegironde.fr ; 21 avenue Thiers ; ⊙ lun-ven 10h30-19h ; 🚋 A Stalingrad)

Catering BAGELS ET HOT DOGS €

225 Plan I7

Sur la place Stalingrad, une bonne adresse de bagels et de hot dogs. Saumon fumé-*cream cheese*, chèvre-miel, pastrami, poulet grillé ou recette du mois, vous n'aurez que l'embarras du choix. En dessert, craquez pour un cupcake ou un bagel au Nutella. La *street food* allie ici qualité et fraîcheur. Deux autres adresses : au 12 rue des Remparts (Gambetta) et au 4 rue des Ayres (quartier Grosse Cloche). (☎ 05 56 30 32 57 ; www.cateringbagels.com ; 8 place Stalingrad ; ⊙ 12h-23h ; 🚋 A Stalingrad)

Le Bistrot-Réfectoire du Magasin Général

Magasin Général
BISTROT-RÉFECTOIRE €€

Voir 222 Plan J3

Tout l'esprit Darwin résumé dans son vaste Magasin Général : des produits bio et de saison, de lourds canapés où s'enfoncer, de grandes tablées, une déco de récup, et de bons petits plats au Bistrot-Réfectoire. C'est beau, c'est bon, et on s'y sent bien. En revanche, le lieu est victime de son succès : réservez, surtout pour le brunch du dimanche. Le Magasin Général, c'est aussi un comptoir café (torréfié sur place), une boulangerie (bio) et tout un espace Épicerie (bio), où l'on peut manger le midi en mode snacking (quiches, pizzas, sandwichs chauds et froids…). (bistrot 05 56 77 88 35, épicerie 05 56 77 28 37 ; www.magasingeneral.camp ; 87 quai de Queyries ; bistrot lun 8h-18h, mar-mer 8h-19h, jeu-ven 8h-minuit, sam 8h30-minuit, dim 8h30-18h, snack Épicerie lun-dim 12h-15h ; 45, 50, 91, 92 Hortense, A Stalingrad ou Jardin-Botanique)

Les Chantiers de la Garonne
LES PIEDS DANS LE SABLE €€

226 Plan I2

Vue sur la Garonne et site d'un ancien chantier naval obligent, on s'attable devant des moules marinières, des sardines grillées ou d'autres produits de la mer, dans une ambiance d'une grande coolitude. Dès les beaux jours, on est dehors, les pieds dans le sable. On vient aussi en soirée pour prendre un verre en musique. Les Chantiers font partie de la galaxie Darwin et on peut aussi boire les bières de la maison, brassées à côté. (05 47 79 84 70 ; www.lapetitegironde.fr ; parc d'activités des Queyries, proche de la guinguette Alriq ; mer-ven 12h-15h et 18h30-23h30, sam 12h-23h30, dim 12h-19h ; A Stalingrad)

La Petite Gironde
TERROIR €€

227 Plan I2

Une bonne adresse avec une vue exceptionnelle, au bord de la Garonne, et une cuisine du terroir de qualité. Sur la carte : canard confit et pommes salardaises, poisson du moment, tricandilles à la bordelaise, pièce du boucher sauce roquefort, huîtres, moules d'Espagne farcies, assiette de serrano en entrée… Le service est à la hauteur du panorama. En semaine, intéressant menu du déjeuner (15-18 €). (☎ 05 57 80 33 33 ; www.lapetitegironde.fr ; 75 quai de Queyries ; ⏰lun-mar et dim 11h45-14h, jeu-sam 11h45-14h et 19h45-22h ; 🚌 45, 50, 91, 92 Hortense, 🚋 A Jardin-Botanique)

L'Estacade CUISINE IODÉE €€€
228 Plan H5

Face à la place de la Bourse, L'Estacade offre l'une des plus belles vues sur Bordeaux, dans un cadre moderne avec bois, fer-blanc et verre. Les spécialités de poisson aux saveurs subtiles sont d'une grande fraîcheur. Selon la météo, on choisit entre la douceur du soir sur le "pont extérieur" et l'atmosphère feutrée à l'intérieur, dans une ambiance plutôt décontractée. Réservation conseillée. (☎ 05 57 54 02 50 ; www.estacade-restaurant.com ; quai de Queyries ; ⏰lun-dim 12h-14h30 et 19h30-22h30 ; 🚋 A Stalingrad)

Prendre un verre
The Central Pub PUB
Voir **223** Plan I6

Ce grand café ne mise pas seulement sur l'ambiance et le décor chaleureux (boiseries, tireuses et machine à café dorées, plancher et moquette...). Situé à l'une des extrémités de l'ancienne gare Bordeaux-Bastide, côté Garonne, il offre une vue magnifique sur les quais. Grand choix de bières à la pression et en bouteilles, et accueil souriant. (☎ 05 56 81 49 88 ; www.the-central-pub.com ; 7 quai de Queyries ; ⏰lun-dim 9h-2h ; 🚋 A Stalingrad)

> **Comprendre**
> **Bois de passage**
>
> Au Moyen Âge, les capitaines de voiliers quittaient le port une branche de cyprès plantée au sommet du mât. Cueillie sur la rive droite, dans la forêt de Cypressat, elle prouvait que les marins avaient acquitté les droits de sortie du port.

Chez Alriq ESPRIT GUINGUETTE
229   Plan I2

À la belle saison, on se plaît à boire un verre dans cette guinguette au bord de l'eau, le soir à la lueur des lampions. Quand des concerts sont programmés, l'entrée est payante (5-6 €, gratuit - 10 ans). On peut aussi manger sur place (couscous, moules marinières, huîtres, crevettes, planches de charcuterie...), avec service au comptoir. Belle ambiance. (☎ 05 56 86 58 49 ; www.laguinguettechezalriq.com ; quai des Queyries ; ⏰ouvert mai-sept, restaurant jusqu'à 23h, bar jusqu'à 1h30 ; 🚌 45, 91, 92 Hortense, 🚋 A Jardin-Botanique)

Sortir
Le Caillou du Jardin botanique CONCERTS JAZZ
230 Plan J4

On vient avant tout au Caillou pour sa programmation de jazz, blues et musique du monde. Le lieu fonctionne comme un club-restaurant : les concerts

100% bordelais
En poussant un peu plus loin...

Lormont est une banlieue charmante, avec un centre organisé autour d'une longue rue pentue menant à une petite place, que domine le gigantesque pont d'Aquitaine. Le chef basque Vivien Durand vous accueille au **Château du Prince Noir** (📞 05 56 06 12 52 ; www.leprincenoir-restaurant.fr ; 1 rue du Prince-Noir ; €€€€ ; ⏰ lun-ven 12h-13h30 et 20h-21h30 ; accès en voiture A10 sortie 27 vers Bordeaux-Lac et sortie 3 Vieux-Lormont – dernière sortie avant le pont d'Aquitaine), dans une magnifique demeure restaurée à l'ambiance contemporaine, avec vue sur le parc ou le pont d'Aquitaine. Les produits du terroir et de saison sont au menu de ce restaurant étoilé (sur réservation).

Une bonne raison d'aller à Cenon ? Le restaurant **La Cape** (📞 05 57 80 24 25 ; www.restaurantlacape.com ; 9 allée Morlette ; €€€ ; ⏰ lun-ven 12h-13h45 et 20h-21h45 ; 🚊 A La-Morlette), une table très courue, à réserver longtemps à l'avance.

À découvrir également : le **Rocher de Palmer** (📞 05 56 74 80 00 ; www.lerocherdepalmer.fr ; 1 rue Aristide-Briand ; 🚊 A Palmer), la première scène numérique des cultures du monde en Aquitaine, qui propose une programmation musicale éclectique en plein cœur du parc de Palmer.

À proximité du parc des expositions, dans le quartier du Lac, les Girondins jouent au **stade Matmut-Atlantique**. D'une capacité de 43 000 places, il a été conçu par le cabinet Herzog & de Meuron. (www.matmut-atlantique.com ; cours Jules-Ladoumègue ; 🚊 C Parc-des-Expositions).

sont gratuits mais il faut s'attabler, par exemple, autour d'un tartare de thon ou de bœuf, ou d'une entrecôte d'Argentine (plats 20-24 €, menu 37 €). L'été, les concerts en terrasse sont bien agréables. (📞 06 85 99 32 42 ; www.lecaillou-bordeaux.com ; Jardin botanique-esplanade Linné/rue Gustave-Carde ; ⏰ concerts mer-sam à partir de 20h30 ; 🚊 A Jardin-Botanique)

Mégarama CINÉMA

Voir 223 Plan I6

Ce multiplexe de 17 salles est aménagé dans l'ancienne gare de Bordeaux-Bastide. (www.bordeaux.megarama.fr ; 7 quai de Queyries ; 🚊 A Stalingrad)

L'Arena SALLE DE SPECTACLE

 Hors plan L10

La nouvelle grande salle de spectacle de la métropole bordelaise, un projet de l'architecte Rudy Ricciotti, a été inaugurée en janvier 2018. Elle est accessible depuis la place Stalingrad via une navette, qui circule les soirs de spectacle (elle part de la porte de Bourgogne, à Saint-Michel, et emprunte le pont de Pierre). À partir de 2020, on pourra aussi venir de la rive gauche, par le pont Simone-Veil. (📞 0 892 39 01 00 ; www.bordeauxmetropolearena.com ; 48-50 avenue Jean-Alphonséa, Floirac ; navette en liaison avec tramway A ou C Porte-de-Bourgogne et Stalingrad et bus n°s 28, 32, 45 et 62 Arena).

Shopping

Épicerie Domergue ÉPICERIE DE QUARTIER

 Plan J6

Une jolie épicerie, où l'on vous accueille avec un large sourire. Un coin épices, de la charcuterie et du fromage à la coupe, des pâtes, des huiles et du vin… Le choix n'est pas immense, mais suffisant pour un bon panier pique-nique ou un apéro improvisé. (05 56 86 84 70 ; 24 avenue Thiers ; mar-sam 9h30-13h30 et 15h-19h30 ; A Stalingrad ou Jardin-Botanique)

Quvée VIN

Hors plan L5

Ici, plus de 650 références de vins, spiritueux, et bières, accompagnées de conseils avisés. (05 40 12 36 24 ; www.quvee.fr ; 355 avenue Thiers ; mar-sam 10h-13h et 15h-20h ; A Galin, Jean-Jaurès)

Le Passeur LIBRAIRIE

 Plan J7

Une bonne librairie généraliste, où l'on aime s'attarder dans le petit salon de lecture, comme à la maison. Seconde adresse à Darwin, dans le Drugstore, en face du Magasin Général. Dans cet *Autre Passeur*, on trouve en plus une sélection de livres sur l'écologie et l'environnement. (05 56 32 83 37 ; www.librairie-lepasseur.fr ; 9 avenue Thiers ; Le Passeur lun 14h-19h, mar-sam 10h-19h, L'Autre Passeur mer-dim 11h-19h ; A Stalingrad)

Sports et activités

Le Hangar Darwin SKATEPARK INDOOR

Voir 222 Plan J2

Cela résonne fort dans ce hangar transformé en skatepark indoor (casque obligatoire pour les mineurs). On vient y rider, sous le regard admiratif des badauds… et des parents – beaucoup de jeunes, qui ne sont pas les moins impressionnants. On peut pratiquer le *bike polo* et le *roller derby* dans un hangar en face. (09 53 01 86 22 ; www.hangardarwin.org ; 87 quai de Queyries ; adhésion 5 €, pass journée 3 €, 1re journée gratuite ; mar et jeu-ven 16h-21h, mer et sam-dim 14h-19h ; 45, 50, 91, 92 Maréchal-Niel, A Stalingrad)

Croisières Burdigala AU FIL DE L'EAU

 Plan I6

Embarquez pour une balade le long des quais ou jusqu'à Blaye. Sur réservation. (05 56 49 36 88 ou réservation auprès de l'office de tourisme ; www.croisieresburdigala.fr ; au niveau du quai de Queyries ; îles de l'estuaire adulte/4-12 ans 30/15 €, quais et les 7 ponts 15/5 € ; A Stalingrad)

Bat³ (BatCub) AU FIL DE L'EAU

 Plan H6

De Stalingrad, on peut prendre une navette fluviale pour rejoindre la rive gauche via les Quinconces. Possibilité d'aller jusqu'à la Cité du Vin et à Lormont. (05 57 57 88 88 ; infotbm.com ; quai de Queyries ; ticket 1,60 €, inclus dans les cartes du réseau TBM ; 2 places handicapés, 6 places vélos ; lun-ven 7h-19h30, sam-dim 8h45-20h ; A Stalingrad)

Bordeaux
selon ses envies

Les plus belles balades
Découvrir la ville à vélo 144
Saint-Émilion. 146
Le bassin d'Arcachon. 148

Envie de...
Architecture. 150
Vin et vignoble. 152
Gastronomie 154
Vie nocturne. 156
Arts de la scène 157
Shopping et marchés. 158
Bordeaux avec des enfants 160
Autres curiosités. 162

La place Fernand-Lafargue, dans le quartier de la Grosse Cloche
FRÉDÉRIC DALLÉAS ©

Les plus belles balades
Découvrir la ville à vélo

🚶 Itinéraire

Le centre de Bordeaux offre une place de plus en plus importante aux vélos (bandes et pistes cyclables). Le parcours proposé vous mènera du quartier de la Bastide à la rive gauche et vous fera découvrir une grande partie de la ville, en privilégiant son patrimoine historique et architectural. Si vous n'avez pas loué de vélo, empruntez un V³ (p. 171) !

Départ Jardin botanique (rive droite)

Arrivée Jardin du palais Rohan

Durée Une demi-journée ou une journée si vous prenez le temps de quelques pauses et visites.

🍴 Une petite faim ?

Si vous êtes rive droite à l'heure du déjeuner et que le temps le permet, pique-niquez sur les larges pelouses bordant la Garonne. Sinon, de l'autre côté du fleuve, arrêtez-vous au **Petit Commerce** (p. 43). Pour les gourmands, un passage chez **Any'Teas** (p. 32) s'impose à l'heure du goûter.

❶ Du Jardin botanique au parc aux Angéliques

Après avoir visité le **Jardin botanique** (p. 135), prenez la sortie quai de Queyries, et empruntez sur la gauche la piste cyclable qui traverse le **parc aux Angéliques** (p. 135). Continuez sur le **pont de Pierre** (p. 136), puis sur la piste longeant la Garonne.

❷ Les quais rive gauche

Profitez de la vue exceptionnelle et suivez le fleuve jusqu'au **Grand Bar Castan** (p. 48). Traversez, puis prenez la rue de la Cour-des-Aides jusqu'à l'**église Saint-Pierre** (p. 41).

❸ Saint-Pierre et ses venelles

Traversez la place. Remontez la rue des Faussets sur la droite, puis prenez à gauche dans la rue Leupold, et encore à gauche dans la rue du Puits-Descujols, puis dans la rue des Caperans. Empruntez la rue du Parlement-Saint-Pierre, sur la droite, pour rejoindre la **place du Parlement** (p. 41). Poursuivez, en face, dans la rue

Découvrir la ville à vélo 145

du Parlement-Sainte-Catherine, puis à droite dans la rue Métivier et à gauche dans la rue Saint-Rémi. Remontez la rue des Piliers-de-Tutelle sur la droite.

❹ Les Quinconces

Rejoignez le **Grand Théâtre** (p. 24), puis continuez jusqu'à l'**esplanade des Quinconces** (p. 26) par le cours du 30-Juillet. Empruntez ensuite les allées de Los Angeles pour accéder à la piste cyclable du cours du Maréchal-Foch.

❺ Le Jardin public

Arrivé au **Jardin public** (p. 122), vous pourrez vous promener à vélo tout en respectant une vitesse réduite. En repartant, prenez à droite le cours de Verdun jusqu'à la place Tourny. Sur la gauche, la petite rue Condillac (toujours un peu encombrée) vous conduira jusqu'au cours de l'Intendance. Poursuivez rue de la Vieille-Tour et descendez la rue des Remparts jusqu'au **palais Rohan** (p. 58).

❻ Le jardin du palais Rohan

Longez la façade, puis empruntez à droite la rue Élisée-Reclus. Au bout, en prenant le cours d'Albret sur la droite, vous atteindrez l'entrée du jardin et le **musée des Beaux-Arts** (p. 58).

Les plus belles balades
Saint-Émilion

🏃 Itinéraire

Il y a bien sûr les vins, parmi les meilleurs du monde. Et il y a la ville, construite en amphithéâtre, où la lumière met en valeur les belles et vieilles pierres. Saint-Émilion, qui possède plusieurs monuments dignes d'intérêt, n'est pas peu fière de son paysage viticole classé au Patrimoine mondial !

Renseignements Office du tourisme (📞 05 57 55 28 28 ; www.saint-emilion-tourisme.com ; place des Créneaux)

Départ Église monolithe

Arrivée Château Figeac

Distance 40 km de Bordeaux

Durée Une journée

🍴 Une petite faim ?

L'Envers du décor (📞 05 57 74 48 31 ; www.envers-dudecor.com ; 11 rue du Clocher ; ⏰ lun-dim 12h-14h30 et 19h-22h30 ; €€€), pour le décor mais aussi pour la carte des vins, à faire tourner la tête, la cuisine traditionnelle et l'ambiance chaleureuse. Pensez à réserver. Avec un budget plus serré, optez pour **La Table 38** (📞 05 57 74 42 72 ; www.latable38-restaurant.com ; 38 rue Guadet ; ⏰ mar-jeu et dim 12h-14h30, ven-sam 12h-14h30 et 19h30-21h ; €€), qui sert en toute simplicité une cuisine délicieuse. Les burgers sont maison (celui au foie gras est sublime) et les tartines, gourmandes. Avec un bon verre de vin pour les accompagner et un clafoutis aux cerises du jardin en dessert, c'est parfait !

❶ L'église monolithe

Creusée dans un seul bloc de pierre à la fin du XIe siècle par les bénédictins, il s'agit de la plus grande église monolithe d'Europe. La visite comprend également la **grotte de l'Ermitage**, où se retira pendant 17 ans le moine Émilion, et les catacombes (⏰ lun-dim, visite guidée de 45 min uniquement ; tarif plein/réduit 9/6,50 €, gratuit - 10 ans, infos à l'office du tourisme). Le **clocher** (⏰ lun-dim ; 2 €, gratuit - 6 ans), qui culmine à 133 m de haut, offre une vue unique.

❷ L'église collégiale

L'**église collégiale** (place Meyrat) se distingue par une nef à trois travées datant du XIIe siècle.

❸ La tour du Roy

Gravissez les 118 marches de ce donjon édifié au XIIIe siècle pour jouir d'une vue imprenable sur les alentours. On y proclame le Jugement du vin nouveau en juin et le ban des Vendanges en septembre. (⏰ fermé jan ; 2 €, gratuit - 6 ans)

Saint-Émilion 147

❹ Cité médiévale et macarons

En flânant dans les ruelles pavées de Saint-Émilion, approvisionnez-vous en macarons, l'autre spécialité locale après le vin. Notre coup de cœur va à ceux de **Nadia Fermigier** (📞 05 57 24 72 33 ; www.macarons-saint-emilion.fr ; 9 rue Guadet) dont la recette, ancestrale, remonte à 1620.

❺ Château Pavie

Il s'agit du seul des quatre domaines désignés Premier Grand Cru classé A – au top du classement des vins de Saint-Émilion – que vous pourrez visiter. À condition toutefois de réserver bien à l'avance. (📞 05 57 55 12 53 ; www.vignoblesperse.com ; visite sur rdv lun-ven, 35 €)

❻ Château Beau-Séjour Bécot

Ce Premier Grand Cru classé B vous invite à découvrir son cuvier et ses belles caves creusées dans la roche. Sur cette propriété familiale, les vignes sont cultivées depuis l'époque romaine. (📞 05 57 74 46 87 ; www.beausejour-becot.com ; visite-dégustation 25 €, à réserver en ligne)

❼ Château Figeac

La visite de cet autre Premier Grand Cru classé B comprend les chais et les caves. Le château date en majeure partie du XVIIIe siècle. Son terroir composé de graves se distingue par un encépagement singulier, avec une dominante de cabernet. (📞 05 57 24 72 26 ; www.chateau-figeac.com ; visite-dégustation 15 €, sur réservation)

Les plus belles balades

Le bassin d'Arcachon

🏃 Itinéraire

Le bassin, comme on l'appelle familièrement ici, est la destination favorite des Bordelais, tout au long de l'année. Les uns préfèrent ses eaux calmes aux vagues énergiques de l'océan, les autres apprécient la beauté de ses paysages à découvrir à pied, à vélo ou en bateau. La plupart vantent ses bons restaurants – et la fraîcheur de ses huîtres.

Départ Dune du Pilat

Arrivée Cap-Ferret

Distance 73 km de Bordeaux

Durée Une journée

🍴 Une petite faim ?

L'été, pour une dégustation d'huîtres en terrasse, rendez-vous à **La Cabane de l'Aiguillon** (📞 05 56 54 88 20/06 86 57 92 42 ; www.lacabanedelaiguillon.com ; boulevard Pierre-Loti, Arcachon ; 🕐 lun-dim Pâques-début oct 11h-20h ; vente à emporter toute l'année ; €), une institution ouverte depuis 1967, pour des huîtres du bassin et un bon vin blanc du pays. Dans un autre style, mais toujours convivial, le **restaurant Ville d'Hiver** (📞 05 56 66 10 36 ; www.hotelvilledhiver.com ; 20 avenue Victor-Hugo, Arcachon ; 🕐 lun-dim 12h-14h30 et 19h30-23h ; €€) occupe le bâtiment de l'ancienne Compagnie générale des eaux (1884), reconverti en hôtel de charme. À l'honneur : poisson frais, frites maison et cuisine classique.

❶ La dune du Pilat

La dune du Pilat, qui s'étend sur près de 3 km, est la plus haute dune de sable d'Europe. Un escalier de quelque 180 marches monte jusqu'au sommet d'où la vue, à 114 m de haut, est tout simplement magnifique. On peut notamment contempler le **banc d'Arguin**, à l'entrée du bassin – classé réserve naturelle depuis 1972, il protège une colonie de sternes caugek.

❷ Arcachon

De jolies plages en centre-ville et une architecture séduisante. Baladez-vous autour du **parc Mauresque** (place du 8-Mai ; 🕐 été 7h-22h, hiver 8h30-19h30) pour admirer les superbes demeures de la **Ville d'Hiver**.

❸ Le bassin en bateau

L'**Union des bateliers arcachonnais** (0825 27 00 27 ; www.bateliers-arcachon.com ; 76 boulevard de la Plage) organise des excursions au départ de différents points de la baie, à bord d'embarcations traditionnelles ou de

Le bassin d'Arcachon

plaisance. Parmi les options proposées : le grand tour du bassin et les incontournables, le **banc d'Arguin** et l'**île aux Oiseaux**, avec ses emblématiques cabanes sur pilotis, sa pêche au carrelet et ses parcs à huîtres.

❹ Larros (Gujan-Mestras)

Dans ce petit port ostréicole, ne manquez pas l'instructive visite de la **Maison de l'huître** (☏ 05 56 66 23 71 ; www.maison-huitre.fr ; tarif plein/réduit 5,90/3,90 €, gratuit - 5 ans ; ⏲ lun-sam 10h-12h30 et 14h30-18h, juil-août lun-dim 10h-12h45 et 14h15-18h30).

❺ Andernos

À marée basse, allez chercher des coquillages ou chaussez des patins à vase pour participer aux balades dans les chenaux et esteys organisées par l'**office du tourisme** (☏ 05 56 82 02 95 ; tourisme.andernoslesbains. fr ; esplanade du Broustic). À marée haute, profitez des petites plages de sable fin et de la longue jetée-promenade de cette station familiale au fond du bassin.

❻ Le Cap-Ferret

La presqu'île du Cap-Ferret, qui sépare le bassin d'Arcachon de l'océan, est d'un côté bordée par de longues plages donnant sur l'Atlantique et de l'autre jalonnée par des petits ports ostréicoles. On peut grimper les 258 marches du **phare du Cap-Ferret**. Du sommet, à 53 m de haut, on embrasse l'ensemble du bassin d'Arcachon (☏ 05 57 70 33 30 ; phareducapferret. com ; adulte/4-12 ans 6/4 € ; ⏲ fermé mi-nov à mi-déc).

Envie de... Architecture

Le patrimoine architectural de Bordeaux est exceptionnel. Les édifices et monuments élevés au fil des siècles essaiment dans toute la cité. Quelquefois discrets, presque invisibles, telles les portions de rempart gallo-romain enfouies dans les caves d'immeubles privés, ils sont la plupart du temps grandioses et valorisés grâce à une ambitieuse campagne de restauration entreprise dans tout le centre-ville. Une campagne couronnée par l'inscription en 2007 de près de la moitié de Bordeaux sur la liste du patrimoine mondial de l'Unesco.

Époque gallo-romaine

Les vestiges les plus marquants de l'époque gallo-romaine sont les ruines du **palais Gallien** (p. 126), dans le quartier du Jardin public.

Moyen Âge

Du Moyen Âge, il reste de nombreux édifices : les plus imposants, classés sur la liste du Patrimoine mondial dès 1998, sont la **cathédrale Saint-André** (p. 54 ; gothique), la **basilique Saint-Michel** (p. 86 ; gothique flamboyant) et la **basilique Saint-Seurin** (p. 124 ; styles roman et gothique). Découvrez aussi l'**église Saint-Pierre** (p. 41), ainsi que la **Grosse Cloche** (p. 74), porte principale des remparts du XIIIe siècle et ancien beffroi de l'hôtel de ville.

Renaissance

La plupart des maisons datant de la Renaissance se trouvent dans le **quartier de la Grosse Cloche** (p. 70), l'ancien faubourg Saint-Éloi, du côté de la rue de la Rousselle (là où se trouve la maison où vécut Montaigne, aux n°s 23-25) et de la rue de la Fusterie.

XVIIIe siècle

Ce n'est qu'au XVIIIe siècle, à l'initiative de l'intendant Boucher et de son successeur, l'intendant Tourny, que Bordeaux, recroquevillée à l'intérieur de ses remparts depuis les invasions germaniques du IIIe siècle, s'ouvrit au fleuve, avec la création de la place Royale, l'actuelle **place de la Bourse** (p. 40). Magnifique illustration du style rococo (Louis XV), le pavillon central et les deux édifices qui l'encadrent dessinent une place parfaitement symétrique, fleuron de ce que l'on a pris l'habitude de nommer

Architecture

La fontaine des Trois Grâces, place de la Bourse

la "façade des quais" – l'alignement sur plus d'un kilomètre de dizaines d'immeubles du XVIIIe siècle qui, depuis leur restauration, ont recouvré les belles nuances ocre et dorées de la pierre de taille. La majorité des immeubles du quartier des Quinconces et du Triangle d'Or datent de la même époque. Certains édifices ont toutefois été bâtis dans un style néoclassique plus tardif : moins fleuri que le style Louis XV, ils annoncent l'architecture napoléonienne. Le plus monumental est le **Grand Théâtre** (p. 24), érigé entre 1773 et 1780 sur l'emplacement d'un temple gallo-romain dont les vestiges – les piliers de Tutelle – n'avaient été détruits qu'un siècle plus tôt, sous Louis XIV.

XIXe siècle

Du XIXe siècle, Bordeaux a conservé le **pont de Pierre** (p. 136), la gare Saint-Jean et l'entrepôt Lainé, aujourd'hui occupé par le **CAPC** (p. 104).

XXe-XXIe siècles

Le XXe siècle et ce début de XXIe siècle n'ont pas été avares de réalisations monumentales et audacieuses, avec le pont d'Aquitaine, lointain cousin du Golden Gate Bridge de San Francisco, les tours futuristes de Mériadeck et le palais de Justice, dont les coques de forme conique dessinées par Richard Rogers abritent désormais les salles d'audience. En 2013, l'achèvement du **pont levant Chaban-Delmas** (p. 117) a inauguré une série de projets architecturaux tels que le nouveau stade dans le quartier du Lac (2015) ou l'audacieuse **Cité du Vin** (p. 114), de l'agence XTU, aux Bassins à flot. L'**Arena** (p. 140), **La Méca** (p. 96) ou encore le **pont Simone-Veil** écrivent une nouvelle page architecturale à Bordeaux.

Envie de...
Vin et vignoble

Le vignoble bordelais compte 57 appellations d'origine contrôlée (AOC). À commencer par saint-émilion, pomerol, médoc, saint-estèphe et pessac-léognan, qui figurent parmi les plus réputées. Toutes correspondent à une aire géographique précise. Leur production répond à des critères bien définis.

Des vendanges à la mise en bouteilles

Dès septembre, l'époque des vendanges marque l'aboutissement de l'année de travail dans les vignes et le début des opérations de vinification. C'est l'assemblage de plusieurs cépages qui est à l'origine de la particularité des vins de Bordeaux : merlot et cabernet sauvignon principalement pour les rouges ; sémillon, sauvignon et muscadelle pour les blancs. L'élevage, en cuve ou en barrique de chêne, d'une durée de 16 à 18 mois, apporte une maturité au vin et permet de clore le processus avec la mise en bouteilles.

Déguster à la manière des œnologues

Toute dégustation implique l'usage d'un verre bien particulier, le "tulipe", évasé à la base et légèrement refermé au sommet, favorisant l'aération du vin et la concentration des arômes. Rempli au tiers, tenu par le pied, il dévoile la couleur du vin. Puis vient la découverte des parfums, qui se fait en deux temps : on tient d'abord le verre immobile ; puis on fait tourner le vin dedans, pour amplifier la perception des arômes et leur intensité. Vient enfin le moment d'en apprécier le goût, par petites gorgées, à faire circuler doucement dans la bouche, en aspirant un peu d'air.

☑ À savoir

▶ **Le Conseil interprofessionnel du vin de Bordeaux** (voir 16 Plan E5 ; 05 56 00 22 66 ; www.bordeaux.com ; 1 cours du 30-Juillet) organise toute l'année des stages, courts (2 heures ; 39 €) ou plus longs, portant sur les bases de l'œnologie.

▶ **La Cité du Vin** (www.laciteduvin.com) propose chaque jour des ateliers découverte autour du vin.

▶ Aux portes du Médoc, **La Winery** (05 56 39 04 90 ; www.winery.fr ; rond-point des Vendangeurs, Arsac-en-Médoc) offre des initiations à la dégustation.

▶ L'**office du tourisme** (p. 172) possède un comptoir consacré à l'œnotourisme et un **portail d'information** (www.bordeauxwinetrip.fr) dédié.

Le mystère du classement des vins

La grande histoire du classement des vins de Bordeaux débuta en 1855, avec celui des crus du Médoc. Trois propriétés furent particulièrement honorées : Château-Lafite-Rothschild et Château-Latour à Pauillac, Château-Margaux à Margaux. Un seul château a depuis rejoint ces prestigieuses propriétés : Château-Mouton-Rothschild. Le Médoc a pour spécificité de pousser encore plus loin la classification avec deux autres catégories de crus : les crus bourgeois (ce classement officialisé en 1932 concerne des domaines acquis et plantés par les bourgeois bordelais au XVIIe siècle) et les crus artisans (issus de petites propriétés, de 1 à 5 ha).

Les graves furent classés en 1953 (un classement révisé en 1959). Seize propriétés furent récompensées. Seul Château-Haut-Brion, déjà distingué dans le classement des crus du Médoc en 1855, reçut alors le titre de premier cru classé dans les graves.

Le classement des vins de Saint-Émilion intervint un an après. Révisé tous les dix ans, il diffère ainsi des autres appellations. Dix-huit châteaux bénéficient de l'appellation Premier Grand Cru classé (Château-Ausone, Château-Cheval-Blanc, Château-Angelus et Château-Pavie sont honorés par une mention A).

Bars à vins
Le Bar à Vin (p. 32)
Le Flacon (p. 66)
The Wine Bar (p. 130)
Latitude 20 (p. 115)
La Ligne rouge (253 Plan G7 ; 05 83 55 18 64 ; 20-22 quai Richelieu)

Cavistes
L'Intendant (p. 34)
Quvée (p. 141)
Badie (254 Plan D7 ; 05 56 52 23 72 ; 62 allée de Tourny)
Cave Briau (p. 130)

Envie de... Gastronomie

Capitale mondiale du vin, Bordeaux ravit également les amateurs de bonne chère. Sans surprise, les produits de la région comme le magret de canard, le foie gras, l'agneau de Pauillac et les huîtres du bassin d'Arcachon figurent en bonne place sur les cartes, aux côtés des spécialités bordelaises.

Le calendrier du fleuve
Entre avril et juin, c'est d'abord l'alose, excellent poisson migrateur pêché dans l'estuaire, qui garnit les cartes. Puis vient le tour de l'antique lamproie, poisson sans mâchoires ni écailles, doté d'une grosse et curieuse bouche-ventouse. Concoctés au gril sur des sarments de vigne, ou mijotés de longues heures et accompagnés d'une sauce au vin et de poireaux, ces mets nécessitent une préparation soignée.

L'entrecôte bordelaise
Il serait impardonnable de quitter Bordeaux sans avoir savouré une entrecôte bordelaise, cuite sur les sarments de vigne, arrosée de vin et couverte d'échalotes.

Le Lillet
Goûtez le Lillet, un apéritif local composé d'un assemblage de vins et de fruits. Ajoutez-y quelques gouttes de citron.

Les cannelés
À la fois moelleux et croustillant, le cannelé (ou Canelé avec un seul n, nom déposé) est un petit gâteau caramélisé et parfumé à la vanille et au rhum. Il doit son nom au moule en bronze cannelé, autrefois appelé "canelat", dans lequel il cuit. Sa recette fut concoctée sous l'Ancien Régime par les religieuses annonciades du couvent de la Miséricorde, dont on raconte qu'elles récupéraient la farine et le sucre qui tombaient des sacs débarqués sur le port. Disparu après la Révolution, le cannelé réapparut dans les années 1830.

Des spécialités mises en boîte
Le **Lou Gascoun** (www.lou-gascoun.fr), un pâté de foie de porc fabriqué dans la banlieue de Bordeaux, séduit les Gascons et les autres depuis des générations avec sa célèbre boîte jaune.

La **Crème Jock** (www.jock.fr ; 190 quai de Brazza) régale les Bordelais petits

Cannelés dorés à point

et grands depuis 1938. À base de céréales, ce dessert est toujours fabriqué à Bordeaux, sur les quais de la rive droite.

Le **Cacolac** (www.cacolac.com) est né d'une idée simple, après un voyage en Hollande : ajouter du cacao et du sucre dans le lait. D'abord vendue en camionnette itinérante, la boisson "pour la soif et pour le plaisir" a vite dépassé les frontières de Bordeaux.

Cuisine régionale
Café Napoléon 3 (p. 31)

Chez Dupont (p. 110)
La Petite Gironde (p. 138)
La Tupina (p. 93)
Le Bistro du Sommelier (p. 64)
Le Bouchon Bordelais (p. 44)
Le Cochon Volant (p. 99)
Le Davoli (p. 45)
Le Palatium (p. 62)
Le Passage Saint-Michel (p. 90)

Huîtres
Chez Boulan (p. 109)
Chez Jean-Mi (p. 97)
Le Petit Commerce (p. 43)
Les Chantiers de la Garonne (p. 138)
Les halles de Bacalan (p. 117)

Gourmandises
Saunion (p. 34). Chocolats.

Cadiot-Badie (p. 33). Chocolats.

Baillardran (p. 67). Cannelés.

La Toque Cuivrée (www.la-toque-cuivree.fr). Cannelés.

Envie de... Vie nocturne

On ne le sait ou on ne le dit pas assez : Bordeaux est une ville qui vit la nuit ! De la Victoire à Bacalan, en passant par Saint-Pierre et Saint-Michel, d'innombrables bars à concerts, caves, pubs et boîtes de nuit attirent les noctambules.

Bars

Mama Shelter (p. 66). Le bar tendance (avec *rooftop*) du complexe hôtelier designé par Philippe Starck.

Le Poisson Rouge Bar (p. 91). Pour un cocktail, un verre de vin, un bon petit plat, une assiette de fromages, ou simplement pour se déhancher au son d'un DJ set.

Le Capharnaüm (p. 78). Un lieu privilégiant l'éclectisme culturel, dont le propriétaire est accro aux années 1950 et à la culture "psychobilly".

La Vie Moderne (p. 78). Le lieu branché du quartier de la Grosse Cloche, pour une soirée kitsch et tendance.

Le Fiacre (p. 66). Bar rock et concerts en sous-sol dans un bâtiment classé Monument historique.

Wunderbar (p. 92). Jägermeister (liqueur à base de plantes médicinales) et DJ sets pour une soirée 100% rock'n'roll.

La Comtesse (p. 47). Cosy et chaleureux, sous des lumières tamisées.

La Calle Ocho (p. 48). De belles soirées aux sons latinos.

Clubs

Stereo Klubs (255 Plan K13). Un club gay offrant trois ambiances bien marquées.

I.Boat (p. 118). Une programmation éclectique et pluridisciplinaire, pour ce club dans la cale d'un ferry de 3 étages amarré dans les Bassins à flot.

La Dame (p. 119). Un autre club réputé des Bassins à flot.

Le Monseigneur (p. 35). Près des Quinconces, le plus ancien club de Bordeaux fait toujours les belles heures de la nuit locale.

Arts de la scène   157

 ## Envie de... Arts de la scène

Depuis la disparition du festival Sigma qui défraya la chronique à de nombreuses reprises entre 1965 et 1990, en programmant spectacles d'avant-garde et autres expériences artistiques contemporaines, la scène bordelaise a renoué avec une programmation plus sage et tendance.

L'ITALIENNE À ALGER / FRÉDÉRIC DESMESURE ©

Classique
Le Grand Théâtre (p. 24)
L'Auditorium (p. 33)

Théâtre et danse
TnBA (p. 91)
Théâtre des Salinières (p. 79)
Manufacture Atlantique (p. 101)
Théâtre Féminа (p. 66)

Concerts
Les têtes d'affiche sont programmées à l'**Arena** (p. 140). Des soirées musicales sont également organisées dans les lieux suivants :
Rock School Barbey (p. 100)
I.Boat (p. 118)
Le Void (p. 100)
Café Pompier (p. 92)

D'autres salles de la Communauté urbaine proposent une programmation variée :
Krakatoa (hors plan A8 ; www.krakatoa.org, 3 avenue Victor-Hugo, Mérignac ; 🚋 A Fontaine-d'Arlac). Dans une ancienne salle des fêtes, l'association Transrock œuvre au développement et à la promotion des musiques amplifiées. 1 200 places et une programmation à suivre de près.

Le Rocher de Palmer (p. 140)

L'Espace Médoquine (hors plan A11 ; www.medoquine.com, 224-226 cours Gallieni, Talence ; 🚋 Lianes 4, 88, 55 Médoquine ou Gallieni). Une salle de spectacle et de congrès à 5 minutes de Bordeaux.

☑ À savoir

▶ Chaque mois, consultez l'agenda culturel publié dans les magazines gratuits **Clubs & Concerts** (clubsetconcerts.com) et **Junkpage** (journaljunkpage.tumblr.com), disponibles dans la plupart des lieux culturels, des restaurants, des bars, des boutiques, etc. Sur Internet, rendez-vous sur les sites **Happe:n** (www.happen.fr), **Bordeaux Concerts** (www.bdxc.fr) et **Un air de Bordeaux** (www.unairdebordeaux.fr).

Envie de... Shopping et marchés

Que vous soyez accro au shopping ou chineur invétéré, que vous aimiez fouiller les friperies ou flâner sur les marchés, vous serez comblé à Bordeaux. Ces quelques adresses vous permettront de concocter un parcours qui vous ressemble, à l'écart des centres commerciaux.

Shopping

Boutiques de luxe Dans le Triangle d'Or (p. 22) et le quartier Pey-Berland (la rue des Remparts et la rue Bouffard).
Les enseignes de chaînes Dans la rue Sainte-Catherine (p. 38) et dans la rue de la Porte-Dijeaux – qui lui est perpendiculaire.
Mode tendance, rock et street-wear Dans le quartier Saint-Pierre (p. 36), avec en particulier la rue du Pas-Saint-Georges, et dans celui de la Grosse Cloche (p. 70), avec la rue Saint-James.

Marchés

Le **marché Saint-Michel** (p. 84 ; 7h-13h).
On trouve de tout sur le grand marché du samedi, de l'alimentation aux vêtements, en passant par les articles de maroquinerie ; le dimanche, chineurs et badauds sont au rendez-vous quand les brocanteurs prennent possession du quartier ; le lundi, enfin, les stands de vêtements ont l'exclusivité des lieux.
Le **marché des Capucins** (p. 97 ; mar-ven 6h-13h, sam-dim 5h30-14h30). Pour les amateurs de produits frais.
Le **marché des Chartrons** (7h-13h pour l'alimentation, 7h-15h pour le reste ; p. 110), le dimanche matin, attire beaucoup de monde. Et chaque jeudi matin, sur le quai, c'est marché bio (7h-13h).

Friperies

Freep'Show Vintage (p. 69)

Steack Fripes (p. 101)

Docks Caviar (p. 81)

Déclic (256 Plan E10 ; 05 56 92 18 86 ; 17 rue des Augustins ; mar-ven 10h30-12h30 et 14h30-19h). Un lieu authentique et des arrivages permanents.

Brocantes

Village Notre-Dame (p. 111). Pour les antiquités, direction les Chartrons.

Au Dénicheur (p. 49). Un véritable capharnaüm, avec des objets de toutes sortes.

L'Entrepôt Saint-Germain (p. 101). Près de la gare

Shopping et marchés

Étal du marché des Capucins (p. 101)

Saint-Jean, une adresse à surveiller de près.

Les brocanteurs de Saint-Michel (p. 158). Le dimanche matin, les brocanteurs prennent possession du quartier ; pour le plus grand plaisir des chineurs et des badauds.

Le Grand Déballage a lieu tous les deuxièmes dimanches des mois de mars, juin, septembre et décembre, de 6h à 18h, dans le quartier de Saint-Michel.

Brocante de printemps et d'automne (p. 13). Deux rendez-vous annuels sur la place des Quinconces.

Bio et commerce équitable

Ex Aequo (**257** Plan F7 ; 05 56 44 54 37 ; exaequo-bordeaux.com ; 16 rue des Bahutiers ; mar-sam 11h-13h30 et 14h30-19h). Déco, vêtements, jouets, bijoux, café, thé… Commerce équitable et solidaire à l'honneur.

Artisans du monde (**258** Plan F6 ; 05 56 44 23 33 ; www.admbordeaux.org ; 30 rue du Parlement-Saint-Pierre ; mar-sam 11h-19h). Artisanat, épicerie, cosmétiques et commerce équitable. Pour un quotidien plus sain.

WAN (We Are Nothing) (**259** Plan E6 ; 05 56 48 15 41 ; www.wanweb.fr ; 1 rue des Lauriers ; lun-sam 10h-19h, dim 12h-19h). Rien ne se perd, tout se recycle.

L'Épicerie du Magasin Général (p. 138). Une épicerie bio, dans l'un des lieux les plus atypiques de la ville.

Le Grand Marché Bio (**260** Plan E8 ; 05 56 44 57 50 ; www.laviesaine.fr ; 8-10 rue Ravez ; lun-sam 9h30-19h30). Supermarché bio.

Envie de... Bordeaux avec des enfants

De nombreux lieux et activités sont adaptés aux plus petits. Alors, en route pour une découverte de la ville plus ludique, qui charmera également les parents. Concilier culture et détente, c'est aussi ça les vacances !

Le long des quais

À pied ou à vélo
Bordeaux est une ville très agréable à visiter en famille. Le centre-ville est en grande partie réservé aux piétons. Une longue promenade, doublée d'une piste cyclable, longe les quais, de la porte de la Monnaie à Bacalan ; on en trouve aussi une autre côté rive droite.

En bateau
Pour pimenter votre promenade, optez par exemple pour la découverte des quais en bateau (p. 35).

À rollers
Les plus téméraires adorent glisser le long de la Garonne sur une piste plane ou faire un petit tour au skatepark (p. 111) du quai des Chartrons ou du Hangar Darwin (p. 141).

Aires de jeux et détente
Face à la place de la Bourse, le Miroir d'eau (p. 40) constitue un excellent terrain de jeu. Plus loin, entre le quai des Salinières et le quai Sainte-Croix, le Parc des Sports (p. 93) offre pas moins de 5,5 ha d'aires de jeux et de détente.

Des visites ascensionnelles
La **tour Pey-Berland** (p. 56). À découvrir quand le temps est dégagé, histoire de prendre un peu de hauteur.

La **flèche Saint-Michel** (p. 86). Une ascension récompensée par une vue d'ensemble imprenable sur toute la ville.

Sciences et nature
Cap Sciences (p. 117). Des expositions interactives destinées aux enfants permettent de comprendre divers phénomènes scientifiques.

Muséum de Bordeaux (p. 126). Une belle collection et un musée entièrement rénové.

Le **Jardin botanique** (p. 135). Pour découvrir la rive droite tout en profitant d'un parcours botanique ludique et instructif.

Le **Jardin public** (p. 122). Pour les plus petits, certainement la destination la plus indiquée, avec de grands

Bordeaux avec des enfants

Le Miroir d'eau, une aire de jeux agréable aux beaux jours (p. 40)

espaces, des aires de jeux, des spectacles de Guignol et un manège à l'ancienne.

La **Maison du jardinier et de la nature en ville** (hors plan A1 ; ☎ 05 56 43 28 90 ; www.bordeaux.fr ; parc Rivière, entrées rue de Rivière, rue Camille-Godard, rue Mandron). Dans les écuries rénovées d'un vieux château, petits et grands s'initient au jardinage écologique et aux découvertes botaniques. Des animations sont régulièrement organisées autour des deux ruches installées sur le site.

Le **Parc bordelais** (hors plan B1 ; www.bordeaux.fr ; entrées avenue du Général-de-Gaulle, rue du Bocage, avenue d'Eysines, avenue Carnot, rue du Parc, rue Camille-Godard). Un peu excentré, mais idéal pour les enfants : 28 ha, des animaux de la ferme, des balançoires, des spectacles de Guignol, un petit train…

Et aussi…

Cirque Plusieurs fois par an, les chapiteaux de grands cirques renommés (Pinder, Gruss) sont dressés sur l'esplanade des Quinconces.

Fête foraine (p. 27). La Foire aux plaisirs se déroule en automne et au printemps sur l'esplanade des Quinconces.

Ateliers De nombreux musées proposent des ateliers pendant les vacances scolaires ; la Cité du Vin programme alors une visite pour les familles.

Le Petit Train Un classique, qui part des allées Tourny (billets en vente à l'office du tourisme ; tarif plein/réduit/enfant 8/7/4,50 € ; gratuit - 5 ans).

Envie de... Autres curiosités

Des *food trucks* pour se restaurer autrement et des boîtes à lire pour la nourriture de l'esprit. Voici quelques idées qui sortent de l'ordinaire, pour esquiver la routine.

Food trucks

Burgers, sandwichs, plats à emporter... Les *food trucks* ont conquis Bordeaux. Idéals pour une pause déjeuner à moindre prix. Seul bémol : l'attente. Car la *street food* est victime de son succès. Parmi les spots à découvrir : la place Paul-Doumer et le siège de C-Discount (120 quai de Bacalan).

Midinettes (261 ✖ Plan K5 ; 📞 06 64 09 74 31 ; 120 quai de Bacalan, 🕐 lun-ven 12h-14h face à l'arrêt Bassins-à-Flot ; 🍴 B). Des produits simples et bien préparés : pans-bagnats, salades ou croques à triple étage.

El Taco del Diablo (📞 06 07 15 04 08 ; www.eltacodeldiablo.fr). Un *food truck* à l'esprit californien, avec ceviches, tacos, quesadillas et guacamole. Mais aussi des produits frais, locaux et de qualité, à des prix raisonnables. Le tout dans un beau combi des années 1970. Le vendredi place Paul-Doumer, le lundi aux Bassins à flot et le mercredi place de la République.

West Coast (📞 09 80 61 85 93). Le West Coast est un resto (p. 42), mais aussi un *food truck*. Lieux et horaires à consulter sur leur page Facebook.

Mâa (📞 06 46 61 47 67 ; www.maa-food-truck.com). Pour des plats épicés (Thaïlande, Vietnam, Bali), dans un beau camion vert pomme.

Season's (📞 06 31 86 58 03 ; www.seasonsfoodtruck.fr). Un Citroën HY blanc vintage et des produits locaux et de saison pour de bons petits plats maison. Planning de la semaine en ligne.

Bag'In Bagels (📞 06 22 26 53 36 ; www.baginfoodtruck.com). Les amateurs de bagels et de pâtisseries américaines seront aux anges avec cette *street food* privilégiant les produits locaux.

Wayo Wayo (📞 07 56 97 40 00 ; www.wayowayo.fr). Un triporteur 100% électrique, des spécialités de l'océan Indien et du bio. Lieux et horaires sur Facebook.

Boîtes à lire

Il y a quelques années débarquait le *bookcrossing*, qui consistait à lire un livre, à le relâcher dans un lieu public, puis à suivre sa trace sur Internet. Aujourd'hui, on trouve à Bordeaux les *bookboxes*. L'échange de livres est toujours de mise, mais la chasse au trésor s'est évaporée. Moins ludique, la boîte à lire est néanmoins une belle initiative. Il ne tient qu'à vous d'alimenter les boîtes en Plexiglas réparties à travers la ville. (www.bordeaux.fr)

Bordeaux

Hier et aujourd'hui

Burdigala 164
Bordeaux l'anglaise. 165
Bordeaux l'insoumise. 165
L'âge d'or de l'argent. 166
Des Girondins à nos jours 167

Burdigala

La Garonne, qui formait durant l'Antiquité la voie la plus rapide entre l'Atlantique et la Méditerranée, a favorisé un peuplement ancien. L'antique Burdigala aurait été fondée dès le IIIe siècle av. J.-C. par les Bituriges Vivisques, peuplade gauloise venue du Nord. (L'historien bordelais Camille Jullian estime toutefois que la ville aurait en réalité été établie antérieurement par les Aquitains, venus du sud des Pyrénées.) La position clé de l'estuaire de la Gironde lui permet rapidement de contrôler le transit de l'étain britannique. Durant la période romaine, Burdigala se pare de thermes et de temples et se dote d'un amphithéâtre, le palais Gallien, encore visible aujourd'hui. Devenue une cité de premier ordre, elle accède au rang de capitale de la province romaine de l'Aquitaine seconde au IIIe siècle, époque à laquelle les premiers remparts sont élevés. L'actuelle rue Sainte-Catherine et la rue de la Porte-Dijeaux constituent vraisemblablement les deux principaux axes

> ### Comprendre
> ### Les trois M : Montaigne, Montesquieu et Mauriac
>
> Montaigne l'humaniste, Montesquieu le philosophe et Mauriac le romancier : ces trois figures tutélaires de la littérature française, mondialement réputées, font la fierté de Bordeaux.
>
> Michel Eyquem de Montaigne (1533-1592) reçoit une instruction humaniste à Bordeaux. Il entre au Parlement, puis devient le maire de la ville en 1581. En pleine guerre de Religion, il doit administrer une ville catholique cernée par une Guyenne protestante. Ses *Essais* expriment un idéal de sagesse fondé sur la modération et la tolérance.
>
> Jacques de Secondat, baron de Montesquieu (1654-1713), naît dans une famille de magistrats bordelais au château de La Brède, auquel il reste attaché toute sa vie. Montesquieu symbolise l'ouverture intellectuelle de Bordeaux à l'esprit des Lumières, notamment à travers des œuvres comme *De l'esprit des lois* ou *Les Lettres persanes*.
>
> François Mauriac (1885-1970) a fait entièrement corps avec Bordeaux. Nombre de ses romans, comme *Thérèse Desqueyroux* ou *Le Nœud de vipères*, prennent pour cadre sa région natale et pour inspiration la bourgeoisie bordelaise. Né dans une famille de viticulteurs, il séjourne régulièrement jusqu'à la fin de sa vie à Malagar, le domaine familial, qui abrite aujourd'hui le **Centre François-Mauriac** (malagar.fr). Il est possible de visiter la maison de l'écrivain toute l'année (sauf en décembre et janvier) et de participer à des balades littéraires.

du Parlement-Sainte-Catherine, puis à droite dans la rue Métivier et à gauche dans la rue Saint-Rémi. Remontez la rue des Piliers-de-Tutelle sur la droite.

❹ Les Quinconces

Rejoignez le **Grand Théâtre** (p. 24), puis continuez jusqu'à l'**esplanade des Quinconces** (p. 26) par le cours du 30-Juillet. Empruntez ensuite les allées de Los Angeles pour accéder à la piste cyclable du cours du Maréchal-Foch.

❺ Le Jardin public

Arrivé au **Jardin public** (p. 122), vous pourrez vous promener à vélo tout en respectant une vitesse réduite. En repartant, prenez à droite le cours de Verdun jusqu'à la place Tourny. Sur la gauche, la petite rue Condillac (toujours un peu encombrée) vous conduira jusqu'au cours de l'Intendance. Poursuivez rue de la Vieille-Tour et descendez la rue des Remparts jusqu'au **palais Rohan** (p. 58).

❻ Le jardin du palais Rohan

Longez la façade, puis empruntez à droite la rue Élisée-Reclus. Au bout, en prenant le cours d'Albret sur la droite, vous atteindrez l'entrée du jardin et le **musée des Beaux-Arts** (p. 58).

Les plus belles balades
Saint-Émilion

🏃 Itinéraire

Il y a bien sûr les vins, parmi les meilleurs du monde. Et il y a la ville, construite en amphithéâtre, où la lumière met en valeur les belles et vieilles pierres. Saint-Émilion, qui possède plusieurs monuments dignes d'intérêt, n'est pas peu fière de son paysage viticole classé au Patrimoine mondial !

Renseignements **Office du tourisme** (📞 05 57 55 28 28 ; www.saint-emilion-tourisme.com ; place des Créneaux)

Départ Église monolithe

Arrivée Château Figeac

Distance 40 km de Bordeaux

Durée Une journée

🍴 Une petite faim ?

L'Envers du décor (📞 05 57 74 48 31 ; www.envers-dudecor.com ; 11 rue du Clocher ; ⏱ lun-dim 12h-14h30 et 19h-22h30 ; €€€), pour le décor mais aussi pour la carte des vins, à faire tourner la tête, la cuisine traditionnelle et l'ambiance chaleureuse. Pensez à réserver. Avec un budget plus serré, optez pour **La Table 38** (📞 05 57 74 42 72 ; www.latable38-restaurant.com ; 38 rue Guadet ; ⏱ mar-jeu et dim 12h-14h30, ven-sam 12h-14h30 et 19h30-21h ; €€), qui sert en toute simplicité une cuisine délicieuse. Les burgers sont maison (celui au foie gras est sublime) et les tartines, gourmandes. Avec un bon verre de vin pour les accompagner et un clafoutis aux cerises du jardin en dessert, c'est parfait !

❶ L'église monolithe

Creusée dans un seul bloc de pierre à la fin du XIe siècle par les bénédictins, il s'agit de la plus grande église monolithe d'Europe. La visite comprend également la **grotte de l'Ermitage**, où se retira pendant 17 ans le moine Émilion, et les catacombes (⏱ lun-dim, visite guidée de 45 min uniquement ; tarif plein/réduit 9/6,50 €, gratuit - 10 ans, infos à l'office du tourisme). Le **clocher** (⏱ lun-dim ; 2 €, gratuit - 6 ans), qui culmine à 133 m de haut, offre une vue unique.

❷ L'église collégiale

L'**église collégiale** (place Meyrat) se distingue par une nef à trois travées datant du XIIe siècle.

❸ La tour du Roy

Gravissez les 118 marches de ce donjon édifié au XIIIe siècle pour jouir d'une vue imprenable sur les alentours. On y proclame le Jugement du vin nouveau en juin et le ban des Vendanges en septembre. (⏱ fermé jan ; 2 €, gratuit - 6 ans)

du *castrum*. Outre son activité portuaire, Burdigala cultive déjà la vigne, profitant des excellents sols calcaires et des graves (terrains caillouteux faits de gravier, de sable et de galets).

Au IVe siècle, l'implantation du christianisme fait de Bordeaux la capitale du diocèse. L'église Saint-Étienne, aujourd'hui disparue, est édifiée, non loin de la basilique Saint-Seurin, dont la construction ne commence que deux siècles plus tard. À la suite des invasions des Vandales (408) et des Vikings (848), Burdigala est pillée et détruite. Au XIe siècle, la ville passe dans le giron des ducs de Gascogne, puis de ceux d'Aquitaine.

Bordeaux l'anglaise

Bordeaux connaît un deuxième âge d'or à partir du XIIe siècle sous le règne d'Aliénor d'Aquitaine qui, après l'annulation de son mariage avec le roi de France Louis VII, épouse celui qui allait devenir le roi d'Angleterre : Henri Plantagenêt. Débutent alors trois siècles de prospérité, qui vont transformer complètement la ville. À l'origine réservée aux moines, la culture de la vigne connaît un essor sans précédent. Cette activité est encouragée par les rois anglais qui facilitent l'exportation du vin de Guyenne (nom sous lequel est alors désignée l'Aquitaine) vers leur pays. Les privilèges accordés aux commerçants, notamment celui de vendre directement leur production dans les tavernes, permettent à la Couronne d'Angleterre de s'assurer la fidélité des Bordelais.

Dès le XIIe siècle, la ville s'étend considérablement, donnant naissance au faubourg Saint-Éloi. Deux enceintes successives sont construites, aux XIIIe et XIVe siècles.

Bordeaux l'insoumise

La fin de la guerre de Cent Ans, en 1453, ramène Bordeaux dans le royaume de France. Durant près de 300 ans, Bordeaux, insoumise, ne cesse de lutter contre le centralisme monarchique français. Les rois tentent de leur côté de soumettre les Bordelais, autrefois partisans des Anglais. Charles VII met fin aux privilèges commerciaux des négociants en vin, tandis que le fort du Hâ et le château Trompette (à l'emplacement de l'actuelle esplanade des Quinconces) sont édifiés pour protéger la ville de toute nouvelle invasion. Parallèlement, Bordeaux devient un foyer intellectuel remarquable, notamment grâce au collège de Guyenne qui, fondé en 1533, forme les élites. C'est ici que Montaigne (1533-1592), maire de la ville de 1581 à 1585, et son ami La Boétie font leurs études, avant de siéger ensemble au Parlement. Si la Réforme, qui connaît un grand engouement en Aquitaine, est sévèrement réprimée et condamnée par les édiles de la cité, les deux hommes parviennent à modérer les ardeurs et à concilier tant bien que mal catholiques et protestants.

L'âge d'or de l'argent

> ## Comprendre
> ### Bordeaux et la traite des noirs
>
> Au XVIIIe siècle, Bordeaux est le deuxième port négrier de France après Nantes et devant La Rochelle. Si les premiers navires à participer au commerce triangulaire sont affrétés dès la fin du XVIIe siècle, c'est essentiellement à partir de la seconde moitié du XVIIIe siècle que les voyages de traite se développent, pour atteindre des sommets dans les années 1780. Les navires, chargés de produits européens, commencent par faire voile vers les comptoirs français de la côte ouest de l'Afrique. Leur cargaison est alors troquée contre des esclaves, embarqués vers les plantations des Antilles (Saint-Domingue notamment), où ils sont vendus contre un paiement en nature consistant en de riches cargaisons de café, de tabac, de sucre et d'autres produits coloniaux. Puis les navires regagnent Bordeaux chargés de denrées coloniales au terme d'un troisième voyage.
>
> Depuis 2009, au musée d'Aquitaine (p. 60), des espaces permanents et des expositions temporaires sont consacrés à l'esclavage.

Au XVIIe siècle, Bordeaux devient l'un des centres de la Contre-Réforme française. Plusieurs congrégations s'y installent et édifient des couvents dans la ville. Dans le même temps, les conflits avec le pouvoir central s'amplifient. En 1635, la taxe sur le vin provoque un soulèvement populaire. L'insoumission prend une tournure plus politique avec la Fronde et la révolte de l'Ormée (gouvernement populaire de Bordeaux), de 1651 à 1653, à laquelle répond durement Louis XIV. Ce dernier fait reconstruire le château Trompette et édifier le fort Louis de l'autre côté de la ville, pour surveiller et mater toute velléité de révolte.

L'âge d'or de l'argent

Au XVIIIe siècle, le commerce avec les Antilles se développe. Il s'agit au début de simples allers-retours : les navires partent de Bordeaux chargés de vin, d'huile et de farine et reviennent avec du cacao, du café, du bois précieux, du tabac, du sucre… Puis le commerce triangulaire se met en place. Bordeaux, qui sera le premier port colonial du royaume au XVIIIe siècle, devient également le deuxième port négrier de France. Les armateurs s'enrichissent, donnant naissance à une nouvelle bourgeoisie. La construction navale participe aussi à la prospérité de la ville.

Cette croissance va de pair avec une transformation complète du paysage urbain, lancée par les intendants de la ville (Boucher et Tourny notamment), et encore largement visible aujourd'hui. Bordeaux se tourne enfin vers le fleuve, comme en témoignent la place de la Bourse et toute la façade des quais. Le théâtre et de larges avenues sont édifiés à cette époque, de même que de nombreux hôtels particuliers. Cette prospérité s'accompagne d'une ouverture intellectuelle à l'esprit des Lumières, avec la fondation de l'Académie, que symbolise brillamment Montesquieu.

Des Girondins à nos jours

Bordeaux joue un rôle particulier durant la Révolution française. L'élite bordelaise, composée d'avocats, d'armateurs, de commerçants et de médecins, est favorable aux idées libérales de 1789. Les députés du tiers état de Bordeaux participent à la rédaction de la première Constitution. Puis la création de la Société des amis de la Constitution donne naissance au groupe des Girondins. Partisans d'une révolution modérée et décentralisatrice, ces derniers triomphent aux élections de 1791 et dirigent la Convention jusqu'en 1792. Ils s'opposent alors au centralisme jacobin des Montagnards, plus radicaux. Quand ces derniers prennent le pouvoir et quand la Terreur s'installe, la plupart des chefs girondins, dont Vergniaud, le plus célèbre d'entre eux, sont guillotinés, malgré les insurrections fédéralistes provoquées partout en France par ce coup de force (Bordeaux sera la dernière ville à rendre les armes, en octobre 1793).

Alors que le XIXe siècle marque le déclin de l'activité portuaire, l'arrivée du chemin de fer en 1837 et la construction navale continuent d'assurer des débouchés économiques à la ville, de même que le commerce avec les colonies et la pêche à la morue, au large de Terre-Neuve, qui connaît un certain renouveau. Les aménagements urbains ne sont pas négligeables : le pont de Pierre relie les deux rives du fleuve dès 1822, des quais sont construits, succédant à la grève qui longe la Garonne, et le château Trompette est détruit pour faire place à l'esplanade des Quinconces. Peu à peu, l'activité du port se déplace vers le nord.

Durant la guerre de 1870, le gouvernement français s'installe de façon provisoire à Bordeaux, comme il le fera encore par la suite en 1914, puis en 1940. Après la Seconde Guerre mondiale, la ville s'industrialise et s'agrandit considérablement, formant une vaste agglomération. Les premiers grands ensembles apparaissent. Dans le centre, la construction du quartier d'affaires Mériadeck incarne la politique de reconstruction. La vie municipale est profondément marquée par Jacques Chaban-Delmas, maire de Bordeaux de 1947 à 1995.

Alain Juppé, alors Premier ministre, lui succède en 1995. Contraint de démissionner en 2004 à la suite de sa condamnation dans l'affaire des emplois fictifs de la mairie de Paris, il est réélu lors d'élections municipales

anticipées en 2006 ; son mandat est confirmé en 2008, puis en 2014. Cette même année, il reprend la tête de la CUB (Communauté urbaine de Bordeaux) – devenue Bordeaux Métropole en 2015 –, qui avait basculé à gauche en 2004. Aujourd'hui, les deux principales forces politiques de la ville revendiquent les transformations opérées avec succès dans le paysage urbain : construction du tramway, réaménagement des quais et rénovation du centre-ville.
Le nouveau visage présenté par Bordeaux a convaincu l'Unesco d'inscrire, en 2007, près de la moitié de la ville sur la liste du Patrimoine mondial.

Depuis l'inauguration du pont Chaban-Delmas, en 2013, les réalisations notables ne manquent pas à Bordeaux, avec notamment le stade Matmut-Atlantique et l'éco-quartier Ginko dans le secteur du Lac, la Cité du Vin dans le quartier des Bassins à flot et le réaménagement de la rive droite. Les abords de la gare Saint-Jean (désormais à 2 heures de Paris par la ligne à grande vitesse) s'inscrivent dans le grand projet urbain Euratlantique, qui s'étend de part et d'autre de la Garonne. Un septième pont, baptisé Simone-Veil, devrait être inauguré en 2020.

Carnet pratique

Arriver à Bordeaux — 170
Avion 170
Train 170
Voiture 170

Comment circuler — 170
Bus 170
Taxis 171
Tramway 171
Vélo 171
Vélo-taxi 172
Voiture en autopartage 172

Autour de Bordeaux — 172
Bus 172
Train 172
Vélo 172
Voiture 172

Infos pratiques — 172
Infos touristiques 172
Handicapés 173
Visites guidées 173

Hébergement — 174

Carnet pratique

Arriver à Bordeaux

Avion
L'**aéroport de Mérignac**
(📞 05 56 34 50 50 ; www.
bordeaux.aeroport.fr) est
à 12 km du centre-ville.
Air France offre plusieurs
vols quotidiens depuis/
vers une quinzaine de
villes en France (dont
Paris). Des vols reliant une
dizaine de destinations
européennes (dont
Bruxelles et Genève)
sont par ailleurs assurés
par plusieurs compagnies.
Le terminal Billi (avec
services simplifiés)
est réservé aux low cost.

Des **navettes** (30direct.
com ; tarif plein/réduit 8/7 €)
assurent la liaison
entre l'aéroport et la gare
Saint-Jean en 30 minutes.

La ligne de **bus
Lianes 1+** (📞 05 57
57 88 88 ; infotbm.com)
du réseau TBM relie
également l'aéroport
au centre-ville.

Train
La **gare Saint-Jean**
(📞 3635 ; 1 rue Charles-
Domercq ; 🚋 Saint-Jean)
est à 2 heures de Paris
par la LGV (ligne
à grande vitesse),
à 4 heures 45-5 heures 15
de Bruxelles via Paris, et à
6 heures 15 de Genève via
Paris. Bordeaux est bien
reliée à d'autres grandes
villes françaises comme
Nantes (4-5 heures avec
1 correspondance),
Montpellier (Intercités
direct 4 heures 30),
Lyon (4 heures 50 avec
1 correspondance),
Lille (TGV direct
4 heures 30-4 heures 45),
Strasbourg (TGV direct
6 heures) et Marseille
(Intercités direct
6 heures).

Voiture
Bordeaux est à 550 km
de Paris et Lyon
(5 heures 30), à 650 km
de Marseille (6 heures),
à 700 km de Genève
(6 heures 30) et à 880 km
de Bruxelles (8 heures).

Comment circuler

Le réaménagement
du centre a nettement
amélioré les conditions
de circulation des piétons
et des cyclistes. Facile
d'accès, le centre est
traversé par des lignes de
tramway et aisé à parcour
à pied. L'arrivée en voiture
est plus délicate : certains
secteurs sont réservés
aux riverains, d'autres
sont piétonniers. Ailleurs,
il n'est pas évident de se
garer. Mieux vaut laisser
son véhicule dans les
parcs relais destinés aux
utilisateurs des transports
publics.

Le 1er dimanche du
mois (en dehors de juillet
et août), une grande parti
du centre-ville est interdit
aux voitures, de 10h à 18h
(hiver) ou 19h (été).

Bus
Le réseau de **bus** (📞 05
57 57 88 88 ; www.infotbm.

Comment circuler 171

...om ; ticket/carnet de 10 (1,60/12,90 €), très dense, couvre l'ensemble de Bordeaux Métropole. Le Tickarte permet de circuler sur tout le réseau (bus, tramway et Bat³) pendant 1 heure. Il existe aussi des formules offrant un accès illimité aux transports et aux parcs relais (1/7 jours 4,60/13,40 €).

Des kiosques d'information sont à la disposition du public sur l'esplanade des Quinconces, place Gambetta et à la gare Saint-Jean.

En soirée, en complément des 3 Lianes (lignes de bus à haute fréquence) qui fonctionnent jusqu'à 0h30 ou 1h15, des lignes **Flexo** (📞 05 57 57 89 99) circulent jusqu'à 2h du matin, avec des arrêts à la demande sur une zone géographique délimitée.

Une navette électrique dessert le centre-ville de 9h à 19h45.

Taxis

Taxi Couleurs Bordeaux (📞 05 56 21 33 33 ; taxiscouleursbordeaux.com) a développé une application commune réunissant tous les taxis de Bordeaux.

Tramway

Les 3 lignes de tramway fonctionnent de 5h à 1h du matin de jeudi à samedi, et de 5h à minuit de dimanche à mercredi. Toutes desservent le centre-ville. La ligne A relie Le Haillan à Floirac ou Carbon-Blanc et Bassens via la place Pey-Berland et la porte de Bourgogne ; la ligne B Pessac aux berges de la Garonne via la Victoire et le Grand Théâtre ; la ligne C Bègles au stade Matmut-Atlantique via la gare Saint-Jean, Saint-Michel, l'esplanade des Quinconces et le Jardin public (plans de ligne téléchargeables sur infotbm.com).

Vélo

Plébiscité par les Bordelais, le vélo connaît un franc succès : le centre-ville réserve de multiples espaces de circulation protégée, qui en font un moyen de locomotion idéal pour sillonner la ville, notamment le long des quais. Le système de vélos en libre-service s'appelle ici **V³** (VCub ; 📞 09 69 39 03 03 ; www.vcub.fr ; sans abonnement 24 heures/7 jours 1,60/7 €, 30 min gratuites). Il compte 175 stations (avec 1 700 vélos disponibles). Le pass 7 jours - Hebdo + (à partir de 14 ans, 14 €) permet un accès illimité à l'ensemble du réseau TBM (bus, tramway, Bat³ et parcs relais) et aux vélos V³.

Cool Bike (262 ; Plan D3 ; 📞 05 33 48 13 86 ; coolbik2.wix.com/bordeaux ; 77 quai des Chartrons ; ⊕ mar-dim 11h-20h en été, 10h-19h en hiver) est spécialisé dans la location de VTT, de VTC, de vélos pliables, de triporteurs... À partir de 7 €/jour pour un vélo de ville. **Pierre qui roule** (263 ; Plan B5 ; 📞 05 57 85 80 87 ; www.pierrequiroule.fr ; 32 place Gambetta ; ⊕ lun 14h-19h, mar-sam 10h-12h30 et 14h-19h) loue des rollers/vélos à partir de 9/15 € par jour. **Bordeaux scooter** (264 ; Plan I12 ; 📞 05 57 59 10 18 ; www.bordeauxscooters.com ; 47 rue de Tauzia ; ⊕ lun-sam 9h-12h et 14h-19h) propose des vélos électriques (à partir de 39 €/jour), des scooters (29 €/jour) et des triporteurs (49 €/jour).

Aux heures creuses (9h-16h30, sous réserve d'une fréquentation fluide), il est possible d'embarquer son vélo dans le tramway (sans supplément) – pratique, pour raccourcir un long trajet ou en cas d'intempéries !

Vélo-taxi

Avec ses vélos-taxis, **Happymoov** (☏ 06 66 72 67 35 ; www.happymoov.com ; ⏱ mar-sam 11h-19h ; 5 €, plus 2 €/km/pers ; découverte du périmètre Unesco 30 €/heure) offre une solution écologique et originale pour une course ou une balade. Réservez ; sinon, tentez votre chance si vous croisez l'un de ces véhicules ou rendez-vous place de la Comédie.

Voiture en autopartage

Citiz (☏ 05 56 31 10 66 ; bordeaux.citiz.coop ; à partir de 2 €/heure et 0,35 €/km) propose 66 voitures en libre-service à Bordeaux. **BlueCub** (☏ 05 56 39 39 39 ; www.bluecub.eu/fr ; forfait 1 semaine à partir de 0,32 €/min d'utilisation) offre 4 modèles de véhicules 100% électriques en autopartage.

Autour de Bordeaux

Bus

TransGironde (☏ 09 74 50 00 33 ; www.transgironde.fr) dessert notamment le Blayais, le Libournais, l'Entre-deux-Mers, le Langonnais et le Médoc.

Train

Le réseau **TER Nouvelle-Aquitaine** (☏ 0800 872 872 ; www.ter.sncf.com/nouvelle-aquitaine) permet de rejoindre Arcachon (ligne Bordeaux-Arcachon), Libourne (ligne Bordeaux-Angoulême), des villes de l'Entre-deux-Mers (ligne Bordeaux-Agen) et du Médoc, et Saint-Émilion (ligne Bordeaux-Sarlat). Certaines destinations sont desservies par des autocars TER.

Vélo

De nombreuses pistes cyclables ont été aménagées dans le Bordelais, notamment dans le Médoc et l'Entre-deux-Mers, et autour du bassin d'Arcachon. Plus d'infos sur www.gironde-tourisme.fr.

Voiture

Le week-end, gare aux embouteillages à la sortie de Bordeaux, en direction d'Arcachon ou de Lacanau. Soyez par ailleurs vigilant lorsque vous roulez sur les petites routes qui parcourent les vignobles. Toutes les grandes enseignes de location disposent d'une agence dans le Hall 3 de la gare Saint-Jean (accès depuis la rue des Terres-de-Borde ou depuis le souterrain de la gare).

➜ **Avis** (☏ 08 20 61 16 74 ; www.avis.fr ; ⏱ lun-jeu 7h30-21h, ven 7h30-22h, sam 8h-18h, dim 10h-13h30 et 14h30-19h)

➜ **Enterprise** (☏ 05 56 92 19 62 ; www.enterprise.fr ; ⏱ lun-ven 7h30-21h, sam 8h-18h, dim 10h-19h)

➜ **Europcar** (☏ 05 56 33 87 40 ; www.europcar.fr ; ⏱ lun-jeu 7h30-21h, ven 7h30-22h, sam 8h-18h, dim 10h-13h et 14h-19h)

➜ **Hertz** (☏ 05 57 59 05 65 ; www.hertz.fr ; ⏱ lun-jeu 7h-21h30, ven 7h-23h30, sam 8h-18h30, dim 9h30-13h et 14h-19h30)

➜ **Sixt** (☏ 0 820 00 74 98 ; www.sixt.fr ; ⏱ lun-jeu 7h-21h, ven 7h-22h, sam 8h-18h, dim 10h-19h)

Infos pratiques

Infos touristiques

Office du tourisme de Bordeaux Métropole (☏ 05 56 00 66 00 ; www.bordeaux-tourisme.com ; 12 cours du 30-Juillet ; ⏱ lun-sam 9h-18h30, lim et jours fériés 9h30-17h ; B ou C Quinconces). Un autre bureau est ouvert en semaine à la **gare Saint-Jean** (📞 05 56 00 66 00 ; ⏱ lun-ven 9h30-12h30 et 14h-18h). Un espace d'information dédié aux routes du vin accueille les visiteurs à la Cité du Vin (p. 114) – aux mêmes horaires que la cité.

City Pass

Le **City Pass** (24/48/72 heures 29/39/46 €) est une bonne option pour visiter la ville. Il offre de nombreux avantages : la Cité du Vin (avant 12h) et 20 musées et monuments en entrée libre, les transports en commun (tramway, bus, Bat³) en accès illimité, une visite de la ville au choix (à pied, en bus panoramique ou en petit train) et de nombreuses réductions sur les croisières, les excursions dans les vignobles, etc. Plus d'infos et réservation sur www.bordeauxcitypass.com.

Handicapés

À Bordeaux, l'office du tourisme, les musées et les sites majeurs sont en grande partie conçus pour accueillir les personnes en fauteuil roulant. Avec ses larges portes coulissantes et son sol de plain-pied, le tramway est accessible à tous.

Le site **accessible.bordeaux.fr**, conçu par la municipalité et optimisé pour les smartphones, permet de géolocaliser les lieux et équipements adaptés aux handicapés moteurs et mentaux.

Trois itinéraires touristiques labellisés "Tourisme et handicap" ont été élaborés pour les personnes souffrant d'un handicap moteur ou auditif (guide et itinéraires téléchargeables en ligne sur www.bordeaux-tourisme.com, à la rubrique *Informations pratiques*).

Un plan-guide du patrimoine touristique de la ville édité en braille est disponible à l'office du tourisme principal.

La ville a par ailleurs commandé au sculpteur girondin François Didier des plans-reliefs en bronze des trois principaux secteurs touristiques bordelais. Installés place Jean-Moulin, place de la Comédie et place du Palais, ils permettent aux déficients visuels de découvrir les quartiers, leur architecture et l'emplacement des monuments.

Infos pratiques

Tarifs des restaurants

€ plat < 10 € ; repas < 16 €

€€ plat 11-15 € ; repas 16-30 €

€€€ plat > 16 € ; repas 30-50 €

€€€€ repas > 50 €

Visites guidées

L'office du tourisme propose de nombreuses formules de découverte. Certaines sont destinées aux enfants (comme "Il était une fois Bordeaux corsaire !") ou aux familles. Quelques exemples :

Bordeaux à pied (2 heures ; tarif plein/réduit/13-17 ans/ 5-12 ans 12/9/8/2 €), dans le centre historique.

Bordeaux au fil de l'eau (1 heure 30 ; tarif plein/réduit 15/5 €), à la découverte notamment du port de la Lune.

Balade gourmande, le réveil des papilles (⏱ sam matin ; 2 heures ; 25 €)

Et aussi : Bordeaux médiéval, Bordeaux port négrier au XVIIIe siècle, Bordeaux sous l'Occupation, Bordeaux insolite, Balade en compagnie de Montaigne...

Hébergement

Bordeaux possède un vaste parc hôtelier, que viennent compléter de nombreux projets en cours, notamment rive droite, aux Bassins à flot et dans le quartier Euratlantique.

Les voyageurs à petit budget trouveront sans difficulté une chambre dans le centre pour un prix très raisonnable. (L'ouverture d'une auberge de jeunesse Central Hostel est prévue pour l'été 2018 place Saint-Projet.) L'hôtellerie de luxe est aussi bien représentée. Si vous êtes à la recherche de plus de confort et de cachet, vous n'aurez que l'embarras du choix.

Les chambres d'hôtes peuvent constituer une alternative très agréable et conviviale. Sinon, pour une immersion dans la vie bordelaise, optez pour la location d'un appartement meublé.

La plupart des tarifs indiqués ne comprennent pas la taxe de séjour qui varie de 0,73 à 3,18 € par personne et par nuit.

Hôtels

Petits budgets

Auberge de jeunesse

05 56 33 00 70 ; www.auberge-jeunesse-bordeaux.com ; 22 cours Barbey ; tarif plein/6-12 ans 24,50/12,50 € ; C Gare-Saint-Jean

Située entre la gare, toute proche, et la place de la Victoire, cette auberge moderne et impeccable gérée par la mairie propose 30 chambres de 2, 4 ou 6 lits simples superposés, dont 28 avec sdb privative. Les W.-C. sont collectifs, excepté pour 4 chambres – dont les deux destinées aux personnes handicapées. Cuisine à disposition des résidents. Petit-déjeuner et draps inclus supplément de 1,50 € pour le linge de toilette. Réservation de 3 nuits maximum (possibilité de renouvellement sur place suivant disponibilité). Les enfants de moins de 6 ans ne sont pas admis.

Hôtel de La Boétie

05 56 81 76 68 ; 4 rue de La Boétie ; à partir de 69 €, petit-déj 7 € ; B Gambetta

Très bien situé, à deux pas de la place Gambetta, cet hôtel donne sur une agréable rue piétonne. Les chambres, modestes, sont propres et présentent un bon rapport qualité/prix. Une adresse plutôt sympathique.

Hôtel Gambetta

05 56 51 21 83 ; www.hotel-gambetta.com ; 66 rue Porte-Dijeaux ; d 65-85 €, petit-déj 8 € ; B Gambetta

Des chambres simples et agréables, au cœur de la ville. Attention toutefois : certaines donnent sur une rue piétonne (en face de la librairie Mollat), assez bruyante, de jour comme de nuit. Service souriant.

Hôtel Notre-Dame

05 56 52 88 24 ; www.hotelbordeauxchartrons.com ; 36-38 rue Notre-Dame ; d 65-75 €, lit supp 9 €, petit-déj 8 € ; B CAPC-Musée-d'Art-Contemporain ou C Place-Paul-Doumer

Hôtels

ux Chartrons, un petit hôtel
u cœur du quartier des antiquaires.
es chambres sont propres et de
mensions satisfaisantes. Et même
 l'on regrette l'absence d'ascenseur,
 rapport qualité/prix reste tout
e même très compétitif.

Hôtel du Théâtre
05 56 79 05 26 ; www.hotel-du-theatre.
om ; 10 rue Maison-Daurade ; d 96-99 €,
etit-déj 8 € ; B Grand-Théâtre

rès de la place de la Comédie,
 deux-étoiles plein de peps,
 ux chambres simples et colorées
es thèmes sont variés) et à l'accueil
mpathique. Pour le calme, préférez
elles sur cour.

Catégorie moyenne
Mama Shelter
05 57 30 45 45 ; www.mamashelter.com ;
 rue Poquelin-Molière ; d à partir
e 79-129 €, petit-déj 16 € ; B Gambetta

orès Paris, Marseille et Lyon, le fameux
omplexe branché a gagné Bordeaux
y a quelques années. Dans chaque
nambre, un iMac 27'' (films gratuits,
V, radio, Skype…) vous accueille
vec un petit mot perso. Ajoutez à cela
ne moquette cosy et des masques
e super-héros ou de stars de cartoons.
: vous risquez de ne plus avoir envie
e sortir.

La Maison du Lierre
05 56 51 92 71 ; www.hotel-
aisondulierre-bordeaux.com ;
 rue Huguerie ; d 110-175 €,
tit-déj 12 € ; B Gambetta
 Quinconces, ou C Quinconces

Dans cet hôtel calme et charmant,
proche du centre-ville, les chambres
équipées de douches à l'italienne
donnent sur une agréable terrasse
arborée, où le petit-déjeuner est servi
aux beaux jours. Dans ce lieu chaleureux,
on en oublierait presque que l'on
est à l'hôtel.

Hôtel La Cour Carrée
05 57 35 00 00 ; www.lacourcarree.fr ;
5 rue de Lurbe ; d 135-212 €, petit-déj 10 €,
parking 13 € sur réservation ; B Gambetta

Un hôtel au décor contemporain dans
un bâtiment vieux de deux siècles.
Ici, les poutres et pierres apparentes
se marient à un mobilier sobre et design.
On apprécie aussi le patio central
au sol boisé. Rien n'est laissé au hasard,
et la réussite est totale.

Catégorie supérieure
Seeko'o
05 56 39 07 07 ; www.seekoo-hotel.com ;
54 quai de Bacalan ; d 160-245 €,
avec terrasse/vue panoramique
218-295/364-424 € ; petit-déj 16 €,
parking 15 € ; B Les-Hangars

Le long des quais, le Seeko'o ("iceberg"
en inuit) est un quatre-étoiles étonnant
avec 45 lofts spacieux, un mobilier
design et élégant, de grands espaces
et beaucoup de clarté. De nombreux
services sont proposés à la clientèle,
dont un espace détente avec hammam,
sauna et siège de massage. Chaque
chambre est équipée d'une télé LCD,
d'un lit *king size* et d'une baignoire
grand luxe pour 2 personnes. Et pour
une vue imprenable sur la Garonne,
une suite panoramique est disponible
au dernier étage.

Hébergement

🛏 Yndo Hôtel

📞 05 56 23 88 88 ; www.yndohotel.fr ;
108 rue Abbé-de-l'Épée ; d 250-520 €,
petit-déj 30 € ; 🚌 B Gambetta

Calme, intimité, service attentif.
On se sent bien ici. La suite Yndo
charmera les amoureux du design
des années 1970, même si les chambres
Crazy (acidulée, nature ou chic)
ont notre préférence. On apprécie
les lits *king size*, l'iPad à disposition
et les terrasses privatives. Un vrai
coin de paradis.

🛏 La Grande Maison de Bernard Magrez

📞 05 35 38 16 16 ; www.lagrandemaison-bordeaux.com ; 10 rue Labottière ;
ch à partir de 257-401 € ; petit-déj 30/45 € ;
🚌 5, 6, 56 Labottière ou 29 Godard

Six chambres luxueuses dans un style
Napoléon III remis au goût du jour.
Rien n'est laissé au hasard. Des produits
Hermès dans la salle de bains,
à la décoration réalisée par des artisans
français, en passant par les meubles
de la Maison Moissonnier (ébéniste de
prestige depuis 1885) et le magnifique
marbre de Carrare. Un lieu superbe
et chaleureux.

🛏 Grand Hôtel

📞 05 57 30 44 44 ; www.ghbordeaux.com ;
2-5 place de la Comédie ; d/ste à partir
de 280/410 € ; 🚌 B Grand-Théâtre
ou C Quinconces

Le palace bordelais se déploie derrière
sa magnifique façade classique, réalisée
en 1779 d'après des dessins de Victor
Louis. Les chambres, décorées par
Jacques Garcia et dotées de spacieuses
sdb en marbre, se distinguent par
leur grand confort et leur atmosphère
feutrée. L'établissement possède
également un restaurant gastronomique,
une brasserie haut de gamme,
un spa, une orangerie et une terrasse
panoramique.

Chambres d'hôtes

🛏 Écolodge des Chartrons

📞 05 56 81 49 13 ; www.ecolodgedeschartrons.com ; 23 rue Raze ;
d 147-169 € petit-déj inclus, tarif dégressif
à partir de 2 nuits ; 🚌 B Chartrons

Ici, on privilégie au maximum le tout
écolo : économiseurs d'eau, panneaux
solaires et petits-déjeuners bio à base
de produits locaux. Dans cette vieille
maison très chaleureuse et apaisante,
le décor mêle l'ancien et le
contemporain. La chambre du haut
(la plus petite) offre une vue magnifique
sur les toits de Bordeaux.

🛏 L'Esprit des Chartrons

📞 06 82 20 20 67 ; www.lespritdeschartrons.fr ; 17bis rue Borie ;
d petit-déj inclus 115-155 € ; 🚌 B Chartrons

Un ancien chai entièrement restauré
au cœur des Chartrons. Si toutes les
chambres sont spacieuses, on aime
particulièrement la Montesquieu,
avec son esprit loft et sa cloison vitrée
la séparant de la sdb et de sa douche
à l'italienne. La Montaigne séduit par
sa baignoire balnéo ouverte sur la
chambre. Et la Mauriac est une invitation
au farniente, avec sa terrasse plein sud.
Sélection de confitures et de produits
laitiers de qualité au petit-déjeuner.

Chambres d'hôtes

Une Chambre Chez Dupont

06 95 15 77 37 ; www.chez-dupont.com ; rue Cornac et 62 rue Notre-Dame ; d 120-[1]50 €, petit-déj 5-9 € selon la formule ; C Place-Paul-Doumer, B Musée-d'Art-[c]ontemporain

[D]es chambres d'hôtes et suites frôlant [la] perfection. De la déco aux services [pr]oposés, en passant par les produits [d]e toilette de qualité. Petits gâteaux, [c]afé, thé et jus de fruits à disposition [d]ans chaque chambre.

Maison Fredon

05 56 91 56 37 ; www.latupina.com ; [r]ue Porte-de-la-Monnaie ; d 90-250 €, [p]etit-déj inclus ; C Saint-Michel

[A]u fil des années, Jean-Pierre Xiradakis [a] peu à peu investi la rue de la Porte-[d]e-la-Monnaie (dite "rue Gourmande", [v]oir p. 93). Il ne manquait que les [c]hambres d'hôtes. C'est désormais [ch]ose faite. Les amateurs d'art seront [c]omblés : ici, Peter Klasen, Yves Klein [et] Keith Haring côtoient le design [d]e Philippe Starck ou de Jean Prouvé. [U]n esprit contemporain dans [un] immeuble du XVIII[e] siècle.

La Course

05 56 52 28 07 ; www.lacourse-bordeaux.[fr] ; 69 rue de la Course ; d 180-310 €, [d] avec piscine à partir de 350 € ; C Paul-Doumer ou Jardin-Public

[E]n lieu tranquille entre les Chartrons [et] le Jardin public, où la suite Lovebird, [av]ec sa grande baignoire ronde et [so]n "nid" à baldaquin, se distingue [pa]rticulièrement. Déco pure, minérale, [ex]otique : chaque chambre est une [in]vitation au voyage. Découvrez ses [tr]ésors cachés : la suite dans les étoiles avec piscine, la cave à vins, le hammam… Et profitez de l'accueil, très agréable.

L'Hôtel Particulier

05 57 88 28 80 ; www.lhotel-particulier.com ; 44 rue Vital-Carles ; d 194-214 €, ste 244-294 €, studio/app familial à partir de 109-134/174 €, petit-déj 15 € ; A ou B Hôtel-de-Ville

L'ambiance est chaleureuse et feutrée dans cet hôtel particulier du XIXe siècle, où la suite Debussy, avec sa véranda somptueuse, est sans doute la plus étonnante. Plus généralement, les chambres et les suites spacieuses, avec parquet et moulures, offrent un confort d'un certain standing. Toutefois, si les balcons offrent une jolie vue sur la cathédrale, ils donnent également sur une rue réservée au tramway, ce qui peut engendrer quelques nuisances sonores. Également : agréables appartements de style contemporain.

Hébergement décalé

Les **Refuges Périurbains** (lesrefuges.bordeaux-metropole.fr ; mars-nov) sont la promesse d'une nuit revigorante au cœur des parcs et sentiers de la périphérie urbaine. Plusieurs microarchitectures ludiques et poétiques offrent un couchage pour plusieurs personnes (pour une nuit maximum par saison et par refuge). En y dormant, on participe à un beau projet artistique. Les refuges sont sommaires : ni eau, ni électricité, c'est l'aventure ! On se ressource en pleine nature. Et en plus, c'est gratuit. Mais attention, il faut réserver !

En coulisses

Vos réactions ?

Vos commentaires nous sont très précieux pour améliorer nos guides. Notre équipe lit vos lettres avec la plus grande attention et prend en compte vos remarques pour les prochaines mises à jour. Pour nous faire part de vos réactions, prendre connaissance de notre catalogue et vous abonner à notre newsletter, consultez notre site Internet : **www.lonelyplanet.fr**.

Nous reprenons parfois des extraits de notre courrier pour les publier dans nos guides ou sites Web. Si vous ne souhaitez pas que vos commentaires soient repris ou que votre nom apparaisse, merci de nous le préciser. Notre politique en matière de confidentialité est disponible sur notre site Internet.

Un mot de Caroline Delabroy

Je suis profondément heureuse d'avoir pu travailler sur cette édition, merci mille fois à Didier et à toute l'équipe du Lonely pour la confiance témoignée. Merci à Marie d'avoir si bien donné corps à ce livre, et à Fanny et Danièle pour leurs bonnes adresses. Enfin, mille pensées tendres à ma petite mamie et à mon papy, à ma tribu marseillaise, Fred, Angèle et Hippolyte, et à toi, Tantine, pour avoir arpenté avec moi la ville de long en large et pour t'être, si généreusement, fait la conteuse et la compteuse des kilomètres avalés !

Crédits photographiques

Photographie de couverture : Place de la Bourse à Bordeaux. RossHelen editorial / Alamy Stock Photo ©

Photographie p. 4 : Frédéric Dalléas ©

À propos de cet ouvrage

Cette 5e édition de *Bordeaux En quelques jours* est une création de Lonely Planet/En Voyage Éditions. La première édition de ce guide a été écrite par Frédéric Dalléas. Les suivantes ont été rédigées et actualisées par Stéphanie Sinier. Cette nouvelle édition a été confiée à Caroline Delabroy.

Direction éditoriale
Didier Férat

Coordination éditoriale
Marie Thureau

Responsable pré-presse
Jean-Noël Doan

Maquette
Valérie Police

Cartographie
AFDEC
(Martine Marmouget)

Couverture
Laure Wilmot

Merci à Maud Bruguière pour sa relecture attentive du texte.

ndex

Voir aussi les index des rubriques :

- ❌ **Se restaurer p. 180**
- 🍷 **Prendre un verre p. 181**
- ⭐ **Sortir p. 182**
- 🔒 **Shopping p. 182**
- ⚽ **Sports et activités p. 183**
- 🛏 **Se loger p. 183**

---

nda 12
nor d'Aquitaine 165
es Damour 126
es de Tourny 29
cienne gare de
   Bordeaux-Bastide
   136
dernos 149
hitecture 150
êt sur l'Image 117
 déco 59
s de la scène 157
eures 178, 184
on 170

calan 112
lin, Rudy 62
nc d'Arguin 148
se sous-marine 116
silique Saint-Michel
   86
silique Saint-Seurin
   10, 124
ssin d'Arcachon 148
ssins à flot 112
stide,
   voir rive droite
³ (BatCub) 35,
   119, 141
tes à lire 162

éférence des **sites**

borne du kilomètre 0
   60
Bourse maritime 106
Buisson, Jean-François
   116
Burdigala 126, 164
bus 170, 172

C
cannelés 154
CAPC 11, 104
Cap-Ferret, le 149
Cap Sciences 117
Capucins, les 94
caserne militaire
   Niel 136
cathédrale
   Saint-André 8, 54
Centre
   d'interprétation
   de l'architecture
   et du patrimoine
   40
centre Jean-Moulin 60
Chaban-Delmas,
   Jacques 167
Chartrons, les 102
   balade 106
Château Beau-Séjour
   Bécot 147
Château Figeac 147
Château Pavie 147
Cité du Vin 11, 114
City Pass 173
cour Mably 29

D
**Darwin, écosystème
   136**
dune du Pilat 148

E
échoppes du quartier
   du Sacré-Cœur 99
église Notre-Dame 28
église Sainte-Croix 86
église Saint-Éloi 74
**église Saint-Louis-
   des-Chartrons 108**
**église Saint-Paul-
   Saint-François-
   Xavier 74**
église Saint-Pierre 41
enfants, avec des 160
Espace 29 60
espace Saint-Rémi 42
esplanade des
   Quinconces 9, 26
Etchebest, Philippe 31
Euratlantique, projet
   100

F
fabrique Pola 136
fêtes et festivals 12
flèche Saint-Michel 86
Foire aux plaisirs 27
food trucks 162

G
Gabriel, Ange-Jacques
   40, 123

Galerie Bordelaise 41
galerie
   des Beaux-Arts 59
galerie DX 29
gastronomie 154
glycine de la rue
   du Loup 63
**Grand Théâtre 9,
   24, 33**
Grosse Cloche 74
Gujan-Mestras 149

H
**halle des Chartrons
   107**
handicapés 173
hébergement 174
histoire 164

I
île aux Oiseaux 149
**institut culturel
   Bernard-Magrez
   126**
itinéraires 14, 16
   à vélo 144
   Chartrons 106
   quartier de la Grosse
      Cloche 72
   Saint-Michel
      et Sainte-Croix 84
   Saint-Pierre 38

J
**Jardin botanique
   (Jardin public) 123**

179

180 L - Se restaurer

Jardin botanique (quai de Queyries) 135
Jardin des remparts 87
Jardin public 10, 122
Juppé, Alain 167

L
La Chiffonne Rit 137
Larros 149
Les Vivres de l'Art 116
Louis, Victor 24, 28

M
Maggesi, Dominique Fortuné 27
Maison de l'huître 149
Maison du jardinier et de la nature en ville 161
marché de Lerme 127
marché des Capucins 97, 101, 158
marché des Chartrons 110, 158
marchés 158
marché Saint-Michel 84, 158
Mauriac, François 164
Méca, la 96
Miroir d'eau 9, 40
Montaigne 27, 164
  maison 73
Montesquieu 27, 33, 73, 164
monument aux Girondins 27
M.U.R, le 109
musée d'Aquitaine 60
musée de la Mer et de la Marine 116

Référence des **sites**

musée de l'Histoire maritime de Bordeaux 108
musée des Arts décoratifs et du Design 59
musée des Beaux-Arts 58
musée du Vin et du Négoce 108
musée national des Douanes 40
Muséum de Bordeaux 126

N
Nguyen Van Hai, Nicolas 32

O
office du tourisme 172

P
palais Gallien 126
palais Rohan 58
parc aux Angéliques 135
Parc bordelais 131, 161
parc Lescure 59
passage Sarget 29
Pey-Berland 52
Piscine judaïque 131
place de la Bourse 9, 40
place de la Comédie 28
place de la Victoire 96
place du Parlement 41
place Gambetta 52
Poitevin, Alexandre 27
pont Chaban-Delmas 117
pont de Pierre 136
porte Cailhau 41
porte de Bourgogne 87

Q
quai de Queyries 134
quartier de la Grosse Cloche 70
  balade 72
Quinconces 22

R
Ramsay, Gordon 31
Refuges Périurbains 177
Réserve, la 97
restaurants 173
Rezdechaussée 108
rive droite 132
Rogers, Richard 61
rue Esprit-des-Lois 33

S
Sainte-Croix 82
  balade 84
Saint-Émilion 146
Saint-Michel 82
  balade 84
Saint-Pierre 36
  balade 38
Saint-Seurin 120
shopping 158,
  voir aussi marchés
Silicone, espace d'art contemporain 87
square Vinet 41
stade Chaban-Delmas 59, 66
stade Matmut-Atlantique 140
synagogue de Bordeaux 97

T
taxi 171
tour Pey-Berland 56
train 170, 172
traite des noirs 166
tramway 171

transports 170
Treister, Suzanne 119
Triangle d'Or 22
tribunal de grande instance 61

V
Vaisseau spatial 119
Valleton, Jean-Jacques 128
vélo 171, 172
vélo-taxi 172
Victoire, la 94
vie nocturne 156
vin 152, *voir aussi*
  Cité du Vin,
  musée du Vin
  et du Négoce
  et Saint-Émilion
visites guidées 173
voiture 170
  autopartage 172
  location 172

X
Xiradakis, Jean-Pierre 93

⊗ Se restaurer

A
Au Bistrot 98

B
Bag'In Bagels 162
Bar Cave de la Monn
93
Baud & Millet 128
Belle Campagne 44
Bread Storming 109
Breakfast Club 75
By Popote 43

C
Café du Musée 105
Café Kokomo 75

Se restaurer - Prendre un verre

fé Napoléon 3 31
tering 137
âteau
 du Prince Noir 140
ez Boulan 109
ez Dupont 110
ez Jean-Mi 97
ez Pompon 30
ez ta Mère 88
mptoir
 bordelais 43
mptoir Cuisine 31
té rue 62
P Ristorante 63

mond Pure Burger 62
o's Ristorante 30
aco del Diablo 162
glish Country
 Kitchen 63

magerie Deruelle 43

les de Bacalan 117
Tong 98

non Jamon 63
en Cruège 129

eben 127
l Noor 44
komo 75
ina 93

Bocca 109
Boulangerie 87
Brebis au Comptoir
 89
Cabane de l'Aiguillon
 148

La Cagette 43
La Cape 140
La Fabrique Pains
 et Bricoles 43
L'Air de Famille 128
La Maison du Pata
 Negra 98
La Mère Michel 90
L'Annexe du Café
 Japonais 44
La Petite Gironde 138
La Table 38 146
La Taupinière 88
L'Autre
 Salon de Thé 65
Le 7 115
Le Bar de la Marine 117
Le Bistro du Sommelier
 64
Le Bistrot du Fromager
 109
Le Bordeaux-Gordon
 Ramsay 31
Le Bouchon Bordelais
 44
Le Café des Arts 77
Le Chapon fin 32
Le Cochon Volant 99
Le Davoli 45
Le Garde Manger 137
L'Entrecôte 30
L'Envers du décor 146
Le Palatium 62
Le Passage
 Saint-Michel 90
Le Petit Commerce 43
Le Plana 98
Le Quatrième Mur 31
Le Rizana 90
Les Chantiers
 de la Garonne 138
L'Escorial 98
Le Soléna 129
L'Estacade 139
Les Tontons 118

Le Taquin 90
L'Oiseau Cabosse 76
Lou Gascoun 154

M
Måå 162
Magasin Général 138
Mampuku 45
Meson la Venta 89
Michel's 46
Midinettes 162
Miles 45
Mokoji 44
Mona 63

N
Nadia Fermigier 147
Nobi Nobi 97

P
Padang Padang 75
Palo Alto 88
Pastel 109
Peppone 29
Plume 62

Q
Quartier Libre 88

R
Restaurant Ville d'Hiver
 148

S
Santosha 76
Season's 162
Sweeney Todd's 76

T
Tentazioni 128
The Cambridge Pub 109
Tupina 93

U
Une cuisine en ville 129

V
Viandas de Salamanca
 68

W
Wayo Wayo 162
West Coast
 (restaurant) 42
West Coast
 (food truck) 162
Wok Way 61

🍷 Prendre un verre

A
Any'Teas 32
Au Bout du Monde 91

B
Black List 65
Books & Coffee 77

C
Café Auguste 99
Café Brun 47
Chez Alriq 139
Chez Fred 48

D
Dick Turpin's 64

G
Grand Bar Castan 48

J
Julo 90

L
La Comtesse 47
La Conserverie-
 Converserie 110
La Diplomate 47
La Ligne rouge 153
L'Amirale Bière 78
L'Apollo 77

182 Prendre un verre - Shopping

L'Atmospher 91
L'Autre Petit Bois 47
Le Bar à Vin 32
Le Bistro
 de la Porte 65
Le Café de l'Utopia 46
Le Café Français 65
Le Flacon 66
Le Poisson Rouge
 Bar 91
Le Saint-Christophe 78
Le Saint-Michel 91
Le Saint-Rémi 47
Le Samovar 90
L'Orangerie
 du Jardin public 129

M
Maria Randall 32

O
Oxford Arms 130

P
Paul's Place 110
Pub Saint-Aubin 99

S
Sister 110

T
Tata Yoyo 77
The Blarney Stone 64
The Central Pub 139
The Cock and Bull 64
The Connemara Irish
 Pub 64
The Golden Apple 110
The Houses
 of Parliament 48
The Wine Bar 130

✪ Sortir

A
Auditorium 33

B
Black Diamond 35

C
Café des Moines 92
Café Pompier 92
Calle Ocho 48
Cercle 35
CGR Le Français 33

E
El Boqueron 92
El Chicho 100

G
Grand Théâtre 33

I
I.Boat 118

K
Krakatoa 157

L
La Dame 119
La Manufacture
 Atlantique 101
L'Arena 140
L'Athénée Libertaire 78
La Vie Moderne 78
Le Café Populaire 100
Le Caillou du Jardin
 botanique 139
Le Capharnaüm 78
Le Chat qui pêche 100
Le Fiacre 66
Le Garage Moderne 119
Le Monseigneur 35
L'Espace Médoquine
 157
Le Void 100

M
Mama Shelter 66
Mégarama 140

R
Rocher de Palmer 140
Rock School Barbey
 100

S
stade Chaban-Delmas
 66
stade Matmut-
 Atlantique 140
Stereo Klubs 156

T
Théâtre des Salinières
 79
Théâtre Fémina 66
TnBA 91

U
UGC Ciné Cité
 Bordeaux 66
Utopia 48

W
Wunderbar 92

🛍 Shopping

A
Apache Bijoux 81
Artisans
 du monde 159
Au Dénicheur 49

B
Badie 153
Baillardran 67
Bob Corner 35
Bonendroi 79

C
Cadiot-Badie 33
Camille et les Filles 92
Cave Briau 130
Comptoir bordelais 43
Crème Jock 154

D
Déclic 158
Disparate 93
Docks Caviar 81
DODA 68
Dunes Blanches 67

E
Épicerie Domergue 14

F
Freep'Show Vintage 6
Fromagerie Deruelle
Fromagerie Jean
 d'Alos 34

G
Gastronomie
 des Pyrénées 111

H
Hasnaâ 67
Herbes Fauves 68

I
IDK-Lé 50

J
Japan Market 80

L
La Droguerie
 Pey-Berland 68
La Fabrique Pains
 et Bricoles 43
La Lainerie 81
La Machine à Lire 48
La Maison Poétique
La Mauvaise Réputat
 49
La Recharge 80
L'Ascenseur Végétal
La Toque Cuivrée 155
Le Grand Déballage
Le Grand Marché
 Bio 159

Shopping - Se loger

Entrepôt Saint-Germain 101
Passage Saint-Michel 93
Passeur 141
Petit Souk 50
Librairie Mollat 67
ou Rose 130
y Blake 111
ntendant 34
u Gascoun 154

ademoiselle L'Insolente 111
arché des Capucins 101, 158
arché des Chartrons 110, 158
arché Saint-Michel 84, 158
tsaï Mara 50
nt Bazar 49

dia Fermigier 147
a qu'1 œil 80

P
Perlin Paon Paon 68

Q
Quai des Marques 119
Quvée 141

S
Saunion 34
Sport Vintage 130
Steack Fripes 101

T
Total Heaven 101

V
Verdeun 50
Viandas de Salamanca 68
Village Notre-Dame 111

W
WAN (We Are Nothing) 159

🌀 Sports et activités

B
Bat³ (BatCub) 35, 119, 141
bowling de Mériadeck 69

C
Croisières 51
Croisières Burdigala 141

L
Le Hangar Darwin 141
Le Petit Train 35

P
Parc bordelais 131
Parc des Sports 93
Patinoire 69
Piscine judaïque 131

R
Roller Skatepark 111

W
Wave Surf Café 119

🛏 Se loger

Chambres d'hôtes

Écolodge des Chartrons 176
La Course 177
L'Esprit des Chartrons 176
L'Hôtel Particulier 177
Maison Fredon 177
Une Chambre chez Dupont 177

Hôtels

Auberge de jeunesse 174
Grand Hôtel 176
Hôtel de La Boétie 174
Hôtel du Théâtre 175
Hôtel Gambetta 174
Hôtel La Cour Carrée 175
Hôtel Notre-Dame 174
La Grande Maison de Bernard Magrez 176
La Maison du Lierre 175
Mama Shelter 175
Seeko'o 175
Yndo Hôtel 176

Les auteures

Caroline Delabroy

Un papa originaire de Bordeaux, des études de journalisme à Paris et une vie qui s'écrit aujourd'hui à Marseille… Entre deux guides Lonely Planet, et des contributions pour *20 Minutes* et Prat Éditions la géographie intime de Caroline oscille toujours entre ces trois poin cardinaux. À 43 ans, elle est d'une génération où La Bastide faisait se contracter le visage de sa grand-mère – souvenir d'une arrivée difficile, avant de traverser la Garonne –, où Mémé Jeanne et Tante Marie retrouvaient un peu de leur Algérie au marché des Capucins, où les quais noircis défilaient sous ses yeux impressionnés de petite fille, en voiture, sur le chemin de l'océan. Le changement de Bordea la fascine, comme beaucoup. Mais pour elle, cette ville aura toujours la saveur d'une maison rue Albert-Pitres, dévorée par la glycine.

Stéphanie Sinier

Après quelques années passées à Paris, Stéphanie choisit de s'installer à Bordeaux pour ses études où elle se spécialise en histoire de l'art contemporain. Après une expérience dans la communication visuelle, suivie d'un passage comme assistante-scripte, sa passion pour l'art l'amène à collaborer avec différentes maisons d'édition. Arts plastiques, arts de la scène ou patrimoin architectural, elle écrit et participe à l'enrichissement de divers fonds documentaires. C'est avec enthousiasme qu'elle a participé à plusieurs éditions de ce guide. Elle a ouvert son carn d'adresses, fait partager ses bons plans et proposé la découverte de quelques lieux atypiques et incontournables de Bordeaux.

Bordeaux en quelques jours
5ᵉ édition
© Lonely Planet Global Limited 2018
© Lonely Planet et Place des éditeurs 2018
Photographies © comme indiqué 2018
Dépôt légal Avril 2018
ISBN 978-2-81617-010-8

Imprimé par L.E.G.O. Spa (Legatoria Editoriale Giovanni Olivotto), Italie

> Bien que les auteurs et Lonely Planet aient préparé ce guide avec tout le soin nécessaire, nous ne pouvons garantir l'exhaustivité ni l'exactitude du contenu. Lonely Planet ne pourra être tenu responsable des dommages que pourraient subir les personnes utilisant cet ouvrage.

En Voyage Éditions | un département

Tous droits de traduction ou d'adaptation, même partiels, réservés pour tous pays. Aucune partie de ce livre ne peut être copiée enregistrée dans un système de recherches documentaires ou de base de données, transmise sous quelque forme que ce so par des moyens audiovisuels, électroniques ou mécaniques, achetée, louée ou prêtée sans l'autorisation écrite de l'éditeur, à l'exception de brefs extraits utilisés dans le cadre d'une étude.
Lonely Planet et le logo de Lonely Planet sont des marques déposées de Lonely Planet Global Limited.
Lonely Planet n'a cédé aucun droit d'utilisation commerciale de son nom ou de son logo à quiconque, ni hôtel ni restaurant ni boutique ni agence de voyages. En cas d'utilisation frauduleuse, merci de nous en informer : www.lonelyplanet.fr